KB0882298

1

프랑스어 발음

알파벳

철자기호

특별한 발음 규칙

프랑스어는 발음이 어렵다는 선입견이 있지만, 생활한 발음 규칙만
알고 있다면 누구나 쉽고 멋있게 발음하기 쉬운 언어예요. 발음하는
방법만 정확히 익혀도 프랑스어 공부의 중요한 첫 발을 내딛는 거예요!

01 알파벳 [L'Alphabet]

MP3 01-01

프랑스어 알파벳은 영어 알파벳과 생김새는 똑같지만, 발음이 달라요.
직접 원어민 발음을 들으며 따라 읽어보세요. 특히 아래군 발음도 있으니 주의하세요!

A a	B b	C c	D d	E e
아 [a]	베 [be]	쎄 [se]	데 [de]	으 [ə]
F f	G g	H h	I i	J j
에프 [εf]	줴 [ʒe]	아슈 [aʃ]	이 [i]	쥐 [ʒi]
K k	L l	M m	N n	O o
까 [ka]	엘르 [εl]	엠므 [εm]	엔느 [εn]	오 [o]
P p	Q q	R r	S s	T t
뻬 [pe]	뀌 [ky]	에(ㅎ)르 [εr]	에쓰 [εs]	떼 [te]
U u	V v	W w	X x	Y y
위 [y]	베 [ve]	두블르베 [dubləve]	익쓰 [ix]	이그(ㅎ)에끄 [igrεk]
Z z				
제드 [zεd]				

철자기호 (1)

프랑스어를 공부하다 보면 알파벳 위에 붙은 특이한 기호를 자주 보시게 될 거에요.
이 기호의 기능을 정확히 알아야 정확한 프랑스어를 발음할 수 있어요!

é accent aigu 악성떼귀

언제나 e 위에만 사용합니다. é는 [에]로 발음합니다. 같은 영어 단어의 s를 대체하기도 합니다.

Corée 한국
꼬(ㅎ)에

né 태어난
네

été 여름
에떼

éponge (sponge: 스폰지)
에뽕쥬

étrange (strange: 이상한)
에트(ㅎ)엉쥬

à è ù accent grave 악상 그라브

반드시 a, e, u 위에만 붙습니다. è는 [에]로 발음되지만, à와 ù는 발음이 변하지 않아요. 단지 단어의 뜻을 구분하기 위해 사용합니다.

엄밀히 따지면 è와 é의 발음은 달라요. è를 발음할 때 é보다 입을 좀 더 벌리고 길게 발음해주세요.

la 여성형 정관사
라

là 거기에
라

ou 또는
우

où 어디
우

â ê î ô û accent circonflexe 악상 씨흐꽁플렉스

a, e, i, o, u 모든 모음 위에 쓰이며, 원래 모음과 발음에 차이는 없지만, ê는 [에] 발음으로 바뀝니다.
이것 또한 s를 대체하는 경우를 자주 볼 수 있습니다.

fête (festival: 축제)
(f)에뜨

hôpital (hospital: 병원)
오삐딸

forêt (forest: 숲)
(f)오(ㅎ)에

ç cédille 쎄디유

c 아래에 붙어요. c를 [s]로 발음하라는 기호입니다.

- c + i, e = ㅆ
- c + a, o, u = ㄲ
- ç + a, o, u = ㅆ

예를 들어 garçon의 c에 쎄디유가 없었다면 [갸흐꽁]이지만, 쎄디유가 있기 때문에 [갸흐쏭]이라고 발음합니다. Français 역시 [프헝쎄]라고 발음합니다.

ça 그것
싸

leçon 레슨
르쏭

reçu 받은
(흐)으쒸

ë ï ü tréma 트레마

모음이 두 개 연이어 나올 때 각각 나누어 발음하라는 기호입니다. e, i, u 위에만 표기합니다.

mais 그러나
메

mais 옥수수
마이스

Noël 크리스마스
노엘

Haïti 아이티
아이띠

모음(1)

a 아

a는 [아]로, 오직 하나의 소리만을 냅니다.

classe 반 클라쓰   **ami** 친구 아미   **là** 거기 라

e 으, 에

e는 단어와 철자기호에 따라 소리를 크게 5가지로 나눌 수 있어요.

- 단어 맨끝에 있는 e 마지막 자음만 발음하고 모음 e는 발음 하지 않습니다.
  classe 클라쓰

- 단어 안에 있는 e 대부분 [으]로 발음합니다.
  petit 쁘띠

- e 다음에 자음이 두 개 이상일 경우 [에]로 발음합니다.
  merci 메(흥)씨   **reste** (흥)에스뜨

- 단어 마지막 자음을 발음할 경우 [에]로 발음합니다.
  sel 쎌

- 철자기호가 있는 é, è, ê [에]와 가깝게 발음합니다.

▌ 1 밑줄 친 모음이 어떤 소리가 나는지 한글로 써보세요.

① cl<u>a</u>sse　(　　)　　⑤ m<u>e</u>r　(　　)

② m<u>e</u>nu　(　　)　　⑥ <u>a</u>mi　(　　)

③ m<u>e</u>rci　(　　)　　⑦ p<u>e</u>tit　(　　)

④ av<u>e</u>c　(　　)　　⑧ Cor<u>é</u>e　(　　)

i 이

우리말의 [이] 발음과 거의 똑같습니다. 입술을 양쪽으로 살짝 더 벌려 발음해주세요.

ici 여기
이씨

île 섬
일

il 그, 그것
일

il, ill 이으

[이으]와 비슷한 소리가 납니다. [으] 발음은 굉장히 짧게 해주세요.

travail 일
트(ㅎ)아바이으

fille 딸, 소녀
(ㅍ)이으

bataille 전투
바따이으

feuille 잎
(ㅍ)어이으

soleil 태양
쏠레이으

œil 눈
어이으

il, ille이 들어가는 단어 중에 영어의 L(엘)처럼 발음하는 경우도 있습니다.
법칙으로 외우기보다는 단어 하나하나 익히면서 익숙해지는 게 좋아요.

village 마을
빌라쥬

tranquille 조용한
트(ㅎ)앙낄

mille 1만
밀

모음(3)

o 오

우리말의 [오] 발음과 유사합니다. 입술을 더 동그랗게 말아주세요.

poste 우체국
뽀스뜨

hôtel 호텔
오뗄

rose 장미
(ㅎ)오즈

homme 남자, 사람
옴므

dôme 돔
돔

u 위

우리말과 영어에 없는 발음이라 어려워요. [우]와 [이]가 묘하게 섞인 듯한 발음입니다. 우리말의 [위]는 입모양이 [우]에서 [이]로 변하지만, 프랑스어의 u는 입술을 동그랗게 말아 [우] 모양으로 만들고 동시에 [이] 소리가 나도록 해야 합니다.

utile 유익한
위띨

rue 길
(ㅎ)위

futur 미래
(f)위뛰(ㅎ)

musée 박물관
뮈제

flûte 플루트
(f)을뤼뜨

프랑스어가 이름답게 들리는 이유는 어마도 다른 언어에 비해 우뇌히 비음이 풍부하기 때문일 것입니다. 프랑스어에서 "모음+n" 또는 "모음+m"은 비모음이라 보시면 됩니다.

an, am, en, em

철자가 다르지만 모두 같은 소리를 냅니다. 우리말 [앙]에 가깝습니다.

lampe 램프
람쁘

temple 사원(교회)
땅쁠

ensemble 함께
앙성블

dans ~안에
당

enfant 어린이
앙(f)앙

in, im, ain, aim, ein

모두 같은 소리를 냅니다. 우리말의 [앙]에 가깝습니다.

matin 아침
마땅

simple 단순한
쌍쁠

main 손
망

faim 공주림
(f)앙

peintre 화가
빵트(ㄹ)

om, on

어렵지 않은 발음입니다. 우리말 [옹]에 가깝게 발음합니다.

concombre 오이
꽁꽁브(ㄹ)

nombre 숫자
농브(ㄹ)

long 긴
롱

un, um

현대에는 원래의 발음이 거의 사라졌어요. 앞서 소개한 in, im과 비슷하게 발음하셔도 무방합니다.

un 하나
앙

lundi 월요일
랑디

parfum 향수
빠(ㄹ)f앙

모음 - 복모음

ai, aî, ei

우리말의 [에]의 발음과 가깝습니다.

mai 5월
메

Seine 세느강
쎈느

saison 계절
쎄종

naître 태어나다
네트(ㅎ)

au, eau

우리말의 [오]처럼 발음합니다. 입술을 더욱 동그랗게 말아주세요.

auto 자동차
오또

jaune 노란
존느

beau 아름다운
보

morceau 조각
모(ㅎ)쏘

eu, œu

eu는 두 가지 모음 [ø]와 [œ]으로 발음이 납니다. œu는 [œ]으로 발음합니다.

1 모음 [ø] : 우리말 [으]에 가깝고 프랑스어 'u'처럼 입 모양이 변하지 않습니다.

bleu 블루
블르

2 모음 [œ] : 입술을 좀 더 벌리고, [어]에 에 가까운 발음을 합니다.

fleur (f)플르(ㅎ)
(f)플르(ㅎ)

sœur 자매
쎄(ㅎ)

ou

우리말의 [우]와 비슷한 발음입니다.

rouge 빨간
(ㅎ)우주

amour 사랑
아무(ㅎ)

jour 날
쥬(ㅎ)

couleur 색깔
꿀르(ㅎ)

oi

기쁠 때 내는 '오웨'와 '오'와 비슷한 소리에요. 정확한 발음은 [wa]입니다.

moi 나
므와

avoir 가지다
아브와(ㅎ)

étoile 별
에뜨왈

09 자음 (1)

MP3 01-09

※ 프랑스어의 p는 영어 [p]보다는 우리말 [ㅃ] 발음에 더 가까워요.

앞으로 짚어볼 몇 가지 자음을 제외하고 **b, d, f, k, l, m, n, p, s, t, v, z**는 영어 발음과 크게 다르지 않습니다.

c

1 e, i, y 앞에서는 ㅆ

ceci 이것
쓰씨

police 경찰
뽈리스

mince 얇은
망쓰

ici 여기에
이씨

2 a, o, u 앞에서는 ㄲ

concours 콩쿠르
꽁꾸(ㅎ)

café 커피
까(f)에

culture 문화
뀔뛰(ㅎ)

école 학교
에꼴

※ 단, c 밑에 세디유가 있으면 a, o, u 앞에서도 ㅆ로 발음합니다.

garçon 소년
가(ㅎ)쏭

ça 그것
싸

reçu 영수증
(ㅎ)오쒸

g

1 e, i, y 앞에서는 ㅈ

garage 차고
가(ㅎ)아쥬

gilet 조끼
쥘레

gymnastique 체조
쥠나스띠끄

2 a, o, u 앞에서는 ㄱ

gare 역
가(ㅎ)

gomme 지우개
곰므

figure 얼굴
(f)이귀(ㅎ)

gâteau 과자
가또

gn

g와 n이 함께 쓰이면 g 소리는 나지 않고 [ㄴ,ㅇ]와 비슷한 소리가 납니다.

montagne 산
몽따뉴

signe 기호
씨뉴

10 자음 (2)

ch

영어 단어 'she'처럼 [쉬]와 같은 발음이 납니다.

dimanche 일요일
디멍슈

chanson 노래
성송

qu

q가 단어의 처음에 올 때는 항상 qu로 쓰입니다. 발음은 [k]와 같습니다.

quatre 숫자 4
꺄트르(ㅎ)

qui 누구
끼

quoi 무엇
꾸와

모음 + s + 모음

모음과 모음 사이의 s는 [z]처럼 발음합니다.

rose 장미
(ㅎ)오즈

saison 계절
쎄종

maison 집
메종

pause 정지
뽀즈

h

프랑스어에서 'h'는 목음이라 소리를 내지 않습니다. 하지만 문법상 '유음 h'와 '무음 h'로 구분 하는데요, '유음 h'에서는 곧 다루게 될 리에종과 양쉐느망 현상이 일어나지 않습니다. 사전에서 + 모양이 h 앞에 붙어 있는 게 '유음 h'에요.

•**hôtel** 호텔
오뗄

humain 인간적인
위맹

huit 숫자 8
위뜨

th

프랑스어에는 속칭 '번데기 발음'이라고 불리는 th 발음이 없습니다. 't'와 동일하게 발음됩니다.

théâtre 극장
떼[아]트(ㅎ)

méthode 방법
메또드

thé 마시는 차
떼

잠깐 대부분 끝자음은 발음하지 않지만, 예외로 c, r, f, l 4개는 발음합니다. careful로 1 억하시면 쉬워요.

r

프랑스어 발음 중 가장 매력적이면서도, 가장 어려운 발음이 아닐까 생각합니다. 프랑스어의 R 발음은 영어의 R 발음과는 전혀 다르고, 우리나라의 'ㅎ' 발음과도 다릅니다. (프랑스 남부의 일부 지방에서는 영어의 R 발음과 비슷한 소리를 내기도 한대요.)

프랑스어의 R 발음은 혀가 뒤로 많이 젖혀지고 바람의 세기도 상당히 강합니다. 발음을 제대로 하려면 앞에 있는 초가 꺼질 정도의 바람이 입에서 나와야 합니다.

모음을 바꾸어가며 연습해볼까요?

Ra Ri Rou Ré Ro Ru Re

1 단어의 처음에 R이 나오는 경우 발음이 강합니다.

Rose 장미
(ㅎ)오즈

Rue 길
(ㅎ)위

Réussir 성공하다
(ㅎ)에위씨(ㅎ)

Ramasser 줍다
(ㅎ)아마쎄

2 단어 중간에 R이 나오는 경우
(R 다음에 [s], [t]가 나올 때는 'ㅎ'에 'ㄱ'을 살짝 더한 듯한 느낌이 나는 것에 주의해요!)

merci 고마워요
마(ㅎ)씨

Marseille 마르세이유
마(ㅎ)쎄이으

Versailles 베르사유
베(ㅎ)싸이으

fruit 과일
(f)(ㅎ)위

Pardon 미안해요
빠(ㅎ)동

pareil 비슷한
빠(ㅎ)에이으

France 프랑스
(f)(ㅎ)앙스

3 단어 끝에 R이 나오는 경우

Bonjour 안녕
봉쥬(ㅎ)

Tous les jours 매일
뚤레쥬(ㅎ)

amour 사랑
아무(ㅎ)

프랑스어 발음을 배운 여러분이라면 이제 빨간 이름은 '루레쥬르'가 아닌, '뚤레쥬(ㅎ)'라고 말해야 더 정확하다는 것 아시겠죠? R 발음을 터득하기 위해서는 상당한 연습이 필요합니다. 원어민 발음을 듣고 계속 흉내를 내보세요. 언젠가 여러분도 멋진 R 발음을 하실 수 있을 거예요!

자음 연습

1 다음 단어의 발음을 적어보고, c의 발음이 다른 하나를 골라보세요. ( )

① police ( )

② ici ( )

③ garçon ( )

④ café ( )

2 다음 단어의 발음을 적어보고, g의 발음이 다른 하나를 골라보세요. ( )

① gilet ( )

② figure ( )

③ gomme ( )

④ gare ( )

3 프랑스어 발음에 대한 설명으로 틀린 것은 무엇일까요? ( )

① 프랑스어에서 기본적으로 h는 묵음이라 소리를 내지 않는다.

② 모음과 모음 사이의 s는 [s]처럼 발음한다.

③ q가 단어의 처음에 올 때는 항상 qu로 쓰인다.

④ 프랑스어에는 속칭 번데기 발음이라고 불리는 th 발음이 없다.

프랑스어만의 특별한 발음 규칙 3가지를 배워볼 거예요.
지금은 이런 게 있다는 것만 알고 넘어가요! 원어민 발음을 따라하다 보면 자연스럽게 배워질 거예요.

리에종 liaison

단어 끝의 자음은 발음하지 않는다고 배웠지요? 그런데 뒤에 모음이나 무음 h가 오면 자음이 발음
되는 규칙이 있습니다. 이걸 리에종이라고 해요.

un arbre   한 그루의 나무
아나(ㅎ)브(ㅎ)

des amis   몇 명의 친구
데자미

deux écoles   2개의 학교
드제꼴

grand hôtel   큰 호텔
그(ㅎ)앙또뗄

하지만 다음과 같은 경우에는 리에종을 하지 않아야 합니다.

· **주어 + 동사일 때**

Simon / est parti.   시몽은 떠났다.
씨몽   에 빼(ㅎ)띠

단, 인칭대명사 + 동사의 경우는 반드시 리에종 합니다.

Vous avez de la chance.   당신은 운이 좋아요.
부   자베   들   라   샹스

· **단수명사 + 형용사일 때**

un enfant / intelligent   영리한 아이
아   낭(f)앙   앙뗄리졍

특별한 발음 규칙 (2)

• 유음 h 앞일 때

C'est un / héros. 그는 영웅이다.
쎄   떵   에(ㅎ)오

• '그리고'를 뜻하는 et 뒤에 있을 때

Je voudrais un café et / un sandwich. 커피 한잔과 샌드위치 하나 주세요.
쥬 부드(ㅎ)에 엉 까(f)에 에 엉 썽드위치

앙셰느멍 enchaînement

원래 발음되는 자음이 모음이나 무음 h 앞에서 발음되는 규칙이에요.
우리말로 '앙'을 [마니]로 발음하는 것과 같습니다.

Il a une auto. 그는 자동차 한대를 갖고 있다.
일 라 위노또

엘리지옹 élision (모음축약)

다음 단어가 모음 또는 무음 h로 시작된다면 단어 끝의 e를 생략하고 '로 바꾸는 규칙을 말합니다.

le homme → l'homme 그 남자
롬므

Je aime la France. → J'aime la France. 난 프랑스를 사랑해.
쥄므   라 (f)(ㅎ)엉스

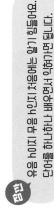

참고 유음 h이지나 무음 h인지 처음에는 알기 힘들어요.
단어를 하나하나 배우면서 익혀가면 됩니다.

프랑스어의 모든 명사에는 성별이 있다?!

프랑스어의 모든 명사에는 성(性)이 있어요. 동물뿐 아니라 사물에도 성이 있다고 하니까 좀 의아하지요? 남성과 여성을 구분하는 데 이래와 같은 규칙이 있다고 합니다. 약 80%에 적용된다고 해요.

여성명사	남성명사
① 남성명사 + e	① -ment로 끝나는 명사
② -tion, -sion으로 끝나는 명사	② 영어에서 차용된 단어
③ -ie, -ce, lie, -tte, -ée, -sse, -ère 등으로 끝나는 여성	③ -eau로 끝나면 대체로 남성
	④ -t, -c, -n 등 자음으로 끝나면 대부분 남성

사람이나 동물을 나타내는 명사는 해당 성별을 따릅니다. 예를 들어 la mère(어머니)는 여성이고, le père(아버지)는 남성이에요!

하지만 규칙에는 예외가 있기 마련이고, 규칙을 외우기에는 너무 머리 아파요. 그럴다면 명사의 성별을 구분하는 가장 확실한 방법은?

아예 처음부터 명사와 관사를 함께 외우는 것입니다! 영어의 the, a, an 같은 것을 말해요. 프랑스어는 단어의 성별에 따라 관사가 달라집니다. 그래서 프랑스어와 친해지기 전까지 처음에는 관사+명사를 외우면 좋습니다.

영어의 the 대신 프랑스어는 le+남성명사, la+여성명사, les+복수명사예요. 2과부터는 남성명사는 파란색으로, 여성명사는 빨간색으로 표시할게요.

le + 남성명사

la + 여성명사

2

안녕! 어떻게 지내?
Salut! Comment ça va?

인사하기

인칭대명사(나, 너, 그, 그녀)

동사 aller

지난 과목

1 다음 비모음 중 발음이 다른 하나를 골라보세요. ( )

① temple

② simple

③ main

④ peintre

2 프랑스어의 철자기호에 대한 설명으로 잘못된 것을 고르세요. ( )

① accent aigu   언제나 e 위에만 사용한다.

② accent grave   a, e, u 위에 붙으며, à, ù의 경우 발음이 변형된다.

③ cédille   c 아래 붙여서 ç를 [s]로 발음하라는 기호이다.

④ tréma   모음이 두 개 연이어 나올 때 각각 나누어 발음하라는 기호이다.

3 다음 중 ill(또는 il) 발음이 다른 하나를 골라보세요. ( )

① travail

② soleil

③ village

④ fille

단어

숫자 1부터 10까지 알아봅시다. 모음 앞에 생기는 특별 규칙을 잊지 말고 발음해봅시다.

1	2	3	4	5
un ‹une›	deux	trois	quatre	cinq
앙 ‹윈›	드	트(ㅎ)와	꺄트(ㅎ)	쌩(ㅍ)

6	7	8	9	10
six	sept	huit	neuf	dix
씨스	쎄트	위트	너(f)	디스

- 숫자 1의 une은 여성명사 앞에서만 사용해요. (프랑스어 명사에는 성별이 있죠! 1화 문화 파트 참조)

une heure 한 시   **une fille** 한 소녀
위 너(ㅎ)   윈 (f)이으

- 숫자 6, 8, 10은 원래 단어 끝의 자음을 발음하지만, 다음 단어가 자음으로 시작할 경우에는 발음하지 않습니다.

- 숫자 9의 끝자음 f는 다음 단어 앞에서 [v]로 리에종 합니다.

neuf heures 9시
너버(ㅎ)

neuf ans 9년
너벙

- 숫자 5의 [ㅍ] 발음은 사람마다 자음 다음 단어 앞에서 발음하기도 하고 안 하기도 합니다.

실제로 명사 앞에 숫자를 넣어보면 이렇게 됩니다.

1일	2일	3일	4일	5일
un jour	deux jours	trois jours	quatre jours	cinq jours
앙 쥬(ㅎ)	드 쥬(ㅎ)	트(ㅎ)와 쥬(ㅎ)	꺄트(ㅎ) 쥬(ㅎ)	쌩(ㅍ) 쥬(ㅎ)

6일	7일	8일	9일	10일
six jours	sept jours	huit jours	neuf jours	dix jours
씨 쥬(ㅎ)	쎄트 쥬(ㅎ)	위 쥬(ㅎ)	너(f) 쥬(ㅎ)	디 쥬(ㅎ)

 2부터는 복수가 되니까 명사 뒤에 s를 붙여줍니다.

1 다음 숫자와 맞는 단어를 연결해보세요.

1 ●　　　　　　　　　　　　　● quatre

2 ●　　　　　　　　　　　　　● deux

3 ●　　　　　　　　　　　　　● neuf

4 ●　　　　　　　　　　　　　● huit

5 ●　　　　　　　　　　　　　● un

6 ●　　　　　　　　　　　　　● trois

7 ●　　　　　　　　　　　　　● sept

8 ●　　　　　　　　　　　　　● six

9 ●　　　　　　　　　　　　　● cinq

10 ●　　　　　　　　　　　　　● dix

2 다음 발음규칙과 그에 대한 설명을 알맞게 연결해보세요.

모음이나 무음 h가 오면
자음이 발음되는 규칙 ●
　　　　　　　　　　　　　● 엘리지옹(élision)

연쇄 발음되는 자음이 모음이나
무음 h 앞에서 발음되는 규칙 ●
　　　　　　　　　　　　　● 앙셰느망(enchaînement)

다음 단어가 모음 또는 무음 h로
시작된다면 단어 끝의 e를 생략
하고 '로 바꾸는 규칙 ●
　　　　　　　　　　　　　● 리에종(liaison)

회화

Nicolas　Salut, Julie !

Julie　Salut, Nicolas !

Nicolas　Comment ça va ?

Julie　Très bien, merci. Et toi ?

Nicolas　Je vais bien aussi, merci.

　　　　Au revoir !

Julie　Au revoir !

니콜라　안녕, 쥘리!

쥘리　안녕, 니콜라.

니콜라　어떻게 지내니?

쥘리　아주 좋아. 고마워. 너는 어때?

니콜라　나도 잘 지내지. 고마워.
　　　　또 보자!

쥘리　또 보자!

05 회화 연습

본문을 소리 내어 5번 읽고 아래와 같이 동그라미 해주세요!

Nicolas **Salut, Julie !**
쌀뤼 쥘리

Julie **Salut, Nicolas !**
쌀뤼 니꼴라

Nicolas **Comment ça va ?**
꼬멍 싸 바

Julie **Très bien, merci. Et toi ?**
트(ㅎ)에 비앙 메(ㅎ)씨 에 뚜아

Nicolas **Je vais bien aussi, merci.**
쥬 베 비앙 오씨 메(ㅎ)씨

Au revoir !
오(ㅎ) 브와(ㅎ)

Julie **Au revoir !**
오(ㅎ) 브와(ㅎ)

Salut 또는 Bonjour
두 표현 다 쓸 수 있으나, Salut가 더 친근한 표현입니다.

salut 안녕(가까운 사이의 인사말)

상대방의 안부를 묻는 표현이에요.
영어로 "How are you?" 같은 문장입니다.

comment 어떻게

très 매우 bien 잘, 좋게 merci 고마워(요)
et 그리고, 또, ~와

aussi는 '또한'이라는 뜻으로, 주어의 'na'와 합쳐져 'na도'
로 해석할 수 있어요.

aussi 또한

헤어질 때 자주 쓰는 표현이에요.

aussi 또한 Au revoir 다시 만나요.(헤어질 때 인사말)

06

프랑스어 인사말 모으고 모으고 (1)

만날 때 인사

프랑스어로 인사하는 방법에는 여러가지가 있습니다.

그중 일상에서 가장 자주 사용하는 인사말이 "Salut"입니다.

Salut.
쌀뤼

하지만 "Salut"는 친한 사이에 에에 많이 쓰이고, 공손하게 말하거나 우리가 여행 가서 직원과 인사할 때는

다음 표현들을 더 많이 쓰게 돼요.

시간대에 따라서 말이 달라집니다.

Bonjour.
봉주르(ㅎ)   (아침이나 오후에) 안녕하세요.

Bonsoir.
봉스와(ㅎ)   (저녁에) 안녕하세요.

Bonne nuit.
본 뉘   잘 자, 안녕히 주무세요.

더욱 공손하게 말하려면 인사말 뒤에 monsieur(므씨으), madame(마담), mademoiselle(마드모아젤)과 같은 호칭을 붙이면 됩니다. 각각 영어의 Mr. / Mrs. 또는 Ms. / Miss에 해당되는 호칭입니다. Miss 이 사용 빈도가 점점 줄어들고 있는 것처럼, mademoiselle 또한 사용 빈도가 줄고 있어요. madame 이라는 호칭은 결혼 여부에 상관 없이 쓸 수 있어서, 주로 여성에게는 madame을 사용합니다.

Bonjour, madame !
봉주르(ㅎ)   마담

Bonsoir, monsieur !
봉스와(ㅎ)   므씨으

안부 묻기

상대방의 안부를 묻기 위해서 가장 흔히 사용되는 표현이 "Comment ça va?"입니다. 영어의 "How are you?"에 해당되는 표현이에요, 매우 격식 차린 표현이며, 상대방이 여럿일 때도 사용할 수 있어요!

Comment allez-vous ?
꼬멍 딸레 부   어떻게 지내세요?

상대방이 좀 더 가까운 사람이라면 vous 대신 tu를 사용하여 안부를 묻습니다, 짧게 "Ça va?"라고 물을 수도 있습니다.

Comment vas-tu ?
꼬멍 바 뒤   어떻게 지내?

Ça va ?
싸 바   잘 지내?

답변은 이렇게 할 수 있어요.

Ça va, merci !
싸 바 메(흐)씨   잘 지내, 고마워!

Oui, ça va. Merci !
위 싸 바 메(흐)씨   응, 잘 지내, 고마워!

헤어질 때는 매우 보통 "Au revoir"를 사용합니다, 다른 표현들도 함께 배워봐요.

Au revoir !
오 (흐)브왓(흐)   또 만나!

À plus tard !
아 쁠뤼 따(흐)   나중에 보자!

À demain !
아 드망   내일 보자!

단어
plus 더 tard 나중에 demain 내일

프랑스어 인칭대명사(3)

인칭대명사

프랑스어 동사는 인칭에 따라 변해요. 처음엔 어렵지만 규칙을 알면 좀 더 쉬워질 거예요.
프랑스어의 동사 변화를 공부하기에 앞서, 인칭대명사를 정확하게 알아봅시다.

인칭	단수 / 복수	인칭대명사	영어 대응
나 1인칭	단수	je	I
	복수	nous	we
너 2인칭	단수	tu	you
당신 / 당신들, 너희들 2인칭	복수	vous	you
그, 그녀 3인칭	단수	il, elle	he, she
그들 / 그녀들 3인칭	복수	ils, elles	they(남성), they(여성)

je [쥐] 나, 저

je는 영어의 'I'와 같아요. 하지만 'j'처럼 항상 대문자로 쓰지는 않습니다.

nous [누] 우리

nous는 영어의 'we'와 같아요.

프랑스어 요모조모 (4)

tu [뛰] 너

tu는 단수로 '너'를 의미하고, vous는 복수로 '너희들'을 의미합니다.

vous [부] 너희들

처럼 만나는 사람이거나 자신보다 연배가 높은 사람을 '너희들'을 의미합니다.
음 보는 사이라도 친근함의 표시로 'tu'를 사용하는 것도 아주 이상하진 않아요.

vous는 복수로 '너희들'을 의미하지만, 한 명이어도 'vous'를 사용하는 경우가 있는데, 처
음 보는 사이라도 친근함의 표시로 'tu'를 사용하는 것도 아주 이상하진 않아요.

il / ils [일] 그 / 그 남자들(남성), 그들(남성+여성)

주어 ils은 남자들만 있을 때도 쓰이지만, 많은 여자 중에 남자가 한 명만 있어도 쓰입니다.
il과 elle은 각각 '그'와 '그녀'를 뜻하지만, 사물에 '그것'이라는 대명사로 쓰이기도 합니다.

elle / elles [엘] 그녀 / 그녀들

주어 ils은 남자들만 있을 때도 쓰이지만, 많은 여자 중에 남자가 한 명만 있어도 쓰입니다.
il과 elle은 각각 '그'와 '그녀'를 뜻하지만, 사물에 '그것'이라는 대명사로 쓰이기도 합니다.
프랑스어에는 명사마다 성별이 있기 때문에 남성명사에는 'il', 여성명사에는 'elle'을 사용합니다.
복수형을 둘 다 뒤에 s만 붙이면 돼요. 1과에서 단어 끝의 자음 발음하지 않는다고 배웠죠? 그래서 단
독으로 말할 때는 ils도 il과 같이 발음이 같이요. 문장으로 이어지면 자음은 발음하지만 리에종 현상에 의해 s 발음
이 살아나기도 합니다. 어렵게 느껴지지만 보통 관용구처럼 쓰이니까 반복해서 읽다 보면 통으로 외워
질 거예요.

on [옹]

on은 조금 특별한 대명사입니다.
nous와 같은 '우리'라는 뜻으로 많이 쓰이며, 주로 구어에서 많이 쓰입니다.
'일반적인 사람들(people)', '누군가(someone)' 등의 다른 뜻도 있습니다.
주어 il과 elle처럼 3인칭 단수의 동사변화를 합니다.

프랑스어 요모조모(5)

01

aller 가다

> 불규칙동사

aller는 '가다'라는 뜻의 동사입니다. 그리고 특별히 안부를 물을 때도 쓰여요.

인칭	단수	복수
1인칭 꼬명	je vais 쥬 배	nous allons 누 잘롱
2인칭 꼬명	tu vas 뛰 바	vous allez 부 잘레
3인칭	il va 일 바	ils vont 일 봉
	elle va 엘 바	elles vont 엘 봉

A : Comment vas-tu ? 어떻게 지내? (가까운 사이)
꼬멍　　 바　 뛰

Comment allez-vous ? 어떻게 지내요? (공식적인 자리나 격식을 차리는 경우)
꼬멍　　　 알레　 부

B : Je vais bien, merci ! 전 잘 지내요, 감사합니다!
쥬　 배　 비앙　 메(ㅎ)씨

Très bien, et vous ? 아주 잘 지내요, 당신은요?
트(ㅎ)에　 비앙　 에　 부

'가다'의 의미로 쓰일 때는 이렇습니다.

Nous allons à l'école. 우리는 학교에 갑니다.
누　　 잘롱　 알 레꼴

단어　à ~로, ~에　école 학교

연습 문제

1 다음 인칭대명사와 그에 맞는 동사 aller의 변형을 연결하세요.

나	nous	va
너	je	va
그 남자	il	vas
그 여자	ils	vont
우리	tu	vont
너희	elles	vais
그 남자들	vous	allons
그 여자들	elle	allez

듣기

1 잘 듣고 빈칸에 알맞은 단어를 써넣으세요.

① [ ] , Julie !

② [ ] ça va ?

③ Très bien, [ ] .

2 다음 문장을 잘 듣고, 틀린 글자를 동그라미 하고 바르게 고치세요.

보기   S(a)lut, Nicolas.   (ㅓ)

① Au reboir !   ( )

② Je vait bien aussi, merci.   ( )

③ Et toa ?   ( )

1 다음 단어를 3번씩 발음해보세요.

> un   deux   trois   quatre   cinq

2 다음 패턴으로 말해보세요.

> **A :** Bonjour, madame !
>
> **B :** Bonjour, monsieur !

① Bonsoir

② Bonne nuit

③ Merci

④ Au revoir

1 다음 문장을 따라 써보세요.

Salut, Julie !

Salut, Nicolas !

Comment ça va ?

Très bien, merci. Et toi ?

Je vais bien aussi, merci.

Au revoir !

2 다음 문장을 프랑스어로 써보세요.

안녕하세요. (아침이나 오후에)

아주 좋아, 고마워.

내일 보자!

Vous vs Tu

vous는 주로 낯선 사람, 노인 또는 공식적인 자리에서 다른 사람을 부를 때 쓰입니다.

vous를 사용해야 할지 tu를 사용해야 할지 애매할 때는 우선 vous로 호칭하다가 상대의 허락을 구한 후에 tu를 사용할 수 있습니다.

상대를 vous로 부르는 것을 **vouvoyer**라고 하고 tu로 부르는 것을 **tutoyer**라고 합니다.
부브와예   튀트와예

상대에게 tu를 사용하고자 동의를 구할 때에는 아래 문장으로 물어보면 돼요.

On se dit tu ?
옹   스   디   뛰

우리 서로를 tu로 부를까요?

우리나라에서는 존대의 대상이 상하 수직 구조로 정해져 있다고 본다면, 프랑스어의 vouvoyer는 원의 체계로 이루어져 있다고 보면 돼요.

자신을 중심으로 친밀도가 높은 사람에게 tutoyer할 수 있다고 생각하면 쉽습니다.

3

제 이름은 ~입니다.
Je m'appelle ~.

저는 ~입니다

의문문 만들기

동사의 분류

동사 être

1 다음 숫자를 프랑스어로 써보세요.

1	2	3	4	5

6	7	8	9	10

2 다음 우리말에 해당되는 프랑스어 인칭대명사를 써보세요.

나	우리들

너 / 당신	당신 (격식 차린 표현)

그	그들

그녀	그녀들

직업

직업	(le) 남성		(la) 여성
학생	**étudiant** 에뛰디엉		**étudiante** 에뛰디엉뜨
변호사	**avocat** 아보까		**avocate** 아보까뜨
요리사	**cuisinier** 뀌지니에		**cuisinière** 뀌지니에(ㅎ)
가수	**chanteur** 셩뙤(ㅎ)		**chanteuse** 셩뙤즈
배우	**acteur** 악뙤(ㅎ)		**actrice** 악트(ㅎ)이스
경찰관	**policier** 뽈리씨에		**policière** 뽈리씨에(ㅎ)
음악가	**musicien** 뮈지씨엉		**musicienne** 뮈지씨엔느
의사	**médecin** 메드셍		
디자이너	**designer** 디자이네(ㅎ)		
건축가	**architecte** 아(ㅎ)시떽뜨		
예술가	**artiste** 아(ㅎ)띠스뜨		

1 다음 단어와 뜻을 알맞게 연결하세요.

여자 학생 ●	● étudiant
남자 변호사 ●	● médecin
남자 학생 ●	● étudiante
여자 의사 ●	● avocat
남자 배우 ●	● acteur
남자 디자이너 ●	● designer
여자 요리사 ●	● architecte
여자 건축가 ●	● cuisinière

회화

Gabriel　Enchanté ! Je m'appelle Gabriel.

Julie　Enchantée ! Je m'appelle Julie.

　　　　Où est-ce que vous habitez ?

Gabriel　J'habite à Séoul. Et vous ?

Julie　J'habite à Paris.

　　　　Que faites-vous ?

Gabriel　Je suis étudiant. Et vous ?

Julie　Je suis médecin.

가브리엘	반가워요. 저는 가브리엘이에요.
쥘리	반가워요! 저는 쥘리에요.
	어디에 사세요?
가브리엘	저는 서울에 살아요. 당신은요?
쥘리	저는 파리에 살아요.
	무슨 일을 하세요?
가브리엘	저는 학생이에요. 당신은요?
쥘리	저는 의사예요.

04

Gabriel Enchanté ! Je m'appelle Gabriel.
엉섕떼 쥬 마뻴 가브(ㅎ)이엘

Julie Enchantée ! Je m'appelle Julie.
엉섕떼 쥬 마뻴 쥴리

Julie Où est-ce que vous habitez ?
우 에스끄 부 자비떼

Gabriel J'habite à Séoul. Et vous ?
쟈비뜨 아 쎄울 에 부

Julie J'habite à Paris.
쟈비뜨 아 빠(ㅎ)이

Nicolas Que faites-vous ?
끄 (f)에뜨 부

Julie Je suis étudiant. Et vous ?
쥬 쒸 에뛰디엉 에 부

Julie Je suis médecin.
쥬 쒸 메드쌍

Enchanté의 원래 "매우 기쁜"이라는 뜻이지만, 누군가를 처음 만났을 때 건네는 가장 흔한 인사말입니다. 우리말의 "반갑습니다"와 같아요.

Enchanté 받가워요 appeler (~을 ~라고) 부르다

여성이 사용할 때는 단어 끝에 e를 하나 더 붙여 여성형으로 바꿔지만, 발음은 같아요.
"Je m'appelle ~은 자신의 이름을 말할 때 가장 흔히 쓰는 표현입니다.

où는 의문사 '어디'입니다. 의문문 만드는 방법은 뒤에서 자세히 설명할게요!

Où 어디에 habiter 살다

문장 전체를 말하지 않고, "et vous?"하고 끝의 억양만 올려서 같은 질문의 반복을 피할 수 있어요. 영어의 'and you?'와 비슷한 표현입니다.

Séoul 서울

상대방의 직업을 물어볼 때 사용하는 표현입니다. 의문문 만드는 est-ce que를 이용하여 Qu'est-ce que vous faites?라고 해도 됩니다. 자세히는 이따가 배워봐요! faites는 불규칙동사 faire의 2인칭 복수 변형입니다.

Paris 빠리 que 무엇 faire 하다

Gabriel은 남학생이므로 étudiant(남성)이라고 했어요. 여학생이라면 étudiante(여성)이라고 말해야 합니다. 마지막 자음도 발음하여 '에뛰디엉뜨'라고 해요.

프랑스어 요모조모(1)

저는 ~입니다

나 Je
쥬

나를 me
므

부르다 appelle
아뻴

Je me appelle = Je m'appelle
쥬 므 아뻴   쥬 마뻴

me와 appelle가 만나 엘리지옹으로 e 대신 '가 붙었어요. (1과 15쪽 참조)

자신의 이름을 말할 때는 아래와 같이 말할 수도 있습니다.

Mon prénom est Nicolas.   제 이름은 니꼴라예요.
몽   프(ㅎ)에농   에   니꼴라

Je suis Nicolas.   저는 니꼴라입니다.
쥬   쉬   니꼴라

상대방의 이름을 물어볼 때는 다음과 같이 씁니다. 직역하면 '당신은 자신을 어떻게 부릅니까?'예요.

Comment tu t'appelles ?   너의 이름은 뭐니?
꼬멍   뛰   따뻴

Comment t'appelles-tu ?   너의 이름은 뭐니?
꼬멍   따뻴   뛰

Comment vous appelez-vous ?   성함이 어떻게 되세요? (가장 격식 차린 문장)
꼬멍   부   자쁠레   부

> **꿀팁** 성은 nom, 이름은 prénom이라고 해요.

단어   mon 나의, 저의   prénom 이름

01

프랑스어 의문문초보 (2)

의문문 만드는 방법 3가지

프랑스어 의문문은 3가지 버전으로 쓸 수 있어요. "어디에 사세요?"라는 문장 하나를 예시로 들어볼게요.

1 Vous habitez où ?
부 자비떼 우

평서문에 말 끝의 악양만 올리면 돼. 주로 가까운 사람과의 대화에서 쓰입니다.

2 Où est-ce que vous habitez ?
우 에스 끄 부 자비떼

주어 앞에 est-ce que를 붙여서 의문문을 만듭니다. 가장 표준적이고 널리 쓰입니다.

3 Où habitez-vous ?
우 아비떼 부

동사와 주어 위치를 바꿉니다. 이때 동사와 주어 사이에 연결부호를 써줍니다.
가장 격식 차린 표현으로 고상한 느낌이 있어요.

동사의 분류 : 1군 / 2군 / 3군(불규칙)

프랑스어 동사의 약 80~90%가 여기에 해당해요. 1군 동사 변화만 잘 외워도 상당입니다!

1군 동사 -er로 끝나는 규칙동사

aimer 사랑하다   habiter 살다   chanter 노래하다

2군 동사 -ir로 끝나는 규칙동사

약 300개의 동사가 있어요.

finir 마치다   choisir 고르다

3군 동사 -re로 끝나는 동사 및 모든 불규칙동사

약 10~20%가 여기에 해당해요. 불규칙동사가 이렇게나 많다니 포기하지 말고 차근차근 공부해봐요.

prendre 가져다   avoir 가지다   être ~이다

08 프랑스어 요모조모 (3)

MP3 03-05

habiter 살다 1군 동사

TIP 앞으로 동사가 나오는 부분은 부록표를 함께 놓고 봐주세요!

habiter는 어미가 규칙적으로 변화하는 1군 규칙동사입니다.
변화 패턴은 동사 부록표를 보며 공부해봅시다.

인칭	단수	복수
1인칭	j'habite 쟈비뜨	nous habitons 누 자비똥
2인칭	tu habites 뛰 아비뜨	vous habitez 부 자비떼
3인칭	il habite 일 라비뜨	ils habitent 일 자비뜨
	elle habite 엘 라비뜨	elles habitent 엘 자비뜨

3인칭 복수의 어미 –ent는 발음하지 않습니다.
다시 말하면, 모든 1군 동사에서 3인칭 단수와 복수는 철자가 달라도 발음은 같습니다!

J'habite en France. 나는 프랑스에 산다.
쟈비뜨 엉 (f)(ㅎ)엉스

Nous habitons en Europe. 우리는 유럽에 산다.
누 자비똥 엉 느(ㅎ)옵

Où est-ce que vous habitez ? 당신은 어디에 사시나요?
우 에스 끄 부 자비떼

Il habite à Paris. 그는 파리에 산다.
일 라비뜨 아 빠(ㅎ)이

단어

France 프랑스 Europe 유럽

프랑스어 모음조모 (4)

être ~이다 [불규칙동사]

영어의 be 동사와 쓰임이 매우 유사합니다. être 동사는 반드시 알아야 할 기초 동사예요.
être는 상태를 표현하거나 직업을 말할 때 사용합니다.

인칭	단수	복수
1인칭	je suis 쥬 쒸	nous sommes 누 쏨
2인칭	tu es 뛰 에	vous êtes 부 제뜨
3인칭	il est 일 레	ils sont 일 쏭
	elle est 엘 레	elles sont 엘 쏭

[잠깐] être 뒤에 직업 명사가 쓰일 때는 어떤 관사도 붙지 않습니다.

Je suis fatigué. 나는 피곤해.
쥬 쒸 (f)아띠게

Elle est mignonne. 그녀는 귀엽다.
엘 레 미뇨느

Vous êtes aimable. 당신은 친절해요.
부 제뜨 에마블

Je suis étudiant. 나는 학생이다.
쥬 쒸 에뛰디엉

faire 하다 [불규칙동사]

다른 불규칙동사도 속속 살펴볼까요? 많이 쓰이는 동사 faire입니다.

인칭	단수	복수
1인칭	je fais 쥬 (f)에	nous faisons 누 (f)죵
2인칭	tu fais 뛰 (f)에	vous faites 부 (f)에뜨
3인칭	il fait 일 (f)에	ils font 일 (f)옹
	elle fait 엘 (f)에	elles font 엘 (f)옹

[단어] fatigué 피곤한 mignon 귀여운 aimable 친절한

연습 문제

1 각 인칭대명사에 알맞은 être 동사와 연결해 보세요.

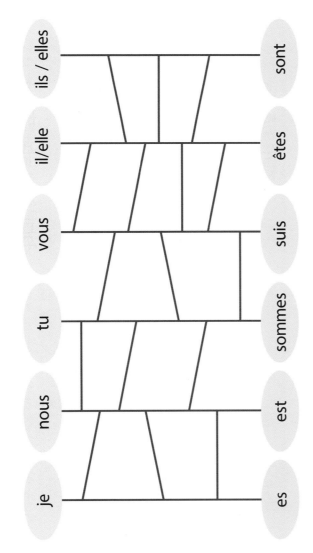

je	nous	tu	vous	il/elle	ils / elles
es	est	sommes	suis	êtes	sont

2 다음 보기를 참고해서 빈칸에 알맞은 동사를 적어보세요.

보기   sommes   est   es   suis   êtes   sont

① Nous _____ amis. 우리는 친구이다.

② Ils _____ heureux. 그들은 기뻐합니다.

③ Tu _____ fatigué ? 너 피곤하니?

④ Vous _____ marié ? 결혼하셨나요?

⑤ Je _____ à l'école. 나는 학교에 있다.

단어   ami 친구 heureux 행복한, 기쁜 aimable 친절한

11 문법 연습

1 빈칸에 알맞은 단어를 넣어 문장을 완성해보세요.

① 반가워요. 저는 Marie입니다.

         ! Je   Marie.

② 저는 리옹에 살아요.

     J'   à Lyon.

③ 무슨 일을 하세요?

     Que   -vous ?

④ 저는 간호사입니다.

     Je   infirmier.

⑤ 당신은 요리사입니까?

         -vous cuisinier ?

힌트
Marie는 여성이니까 Enchanté도
여성형으로 써주어야겠죠?

단어
infirmier 간호사

듣기

1 잘 듣고 빈칸에 알맞은 단어를 써넣으세요.

❶ [　　　] à Séoul.

❷ [　　　] faites-vous ?

❸ Je suis [　　　　].

2 다음 문장을 잘 듣고, 틀린 글자를 동그라미 하고 바르게 고치세요.

보기 Sa(l)t, Nicolas. 　　(l)

❶ J'abite à Paris. 　　(　)

❷ Que faitez-vous ? 　　(　)

❸ Je suit médecin. 　　(　)

1 다음 단어를 3번씩 발음해보세요.

> Enchanté   où   étudiant   médecin

2 다음 패턴으로 말해보세요.

> **A :** Où est-ce que vous habitez ?
>
> **B :** J'habite à Paris.

❶ à Madrid

❷ à Toulouse

❸ à Lyon

❹ à Marseille

꿀팁

Toulouse(툴루즈), Lyon(리옹),
Marseille(마르세이유)는 모두
프랑스 도시 이름이에요.

14

쓰기

1 다음 문장을 따라 써보세요.

Enchantée! Je m'appelle Julie.

Où habitez-vous ?

J'habite à Séoul.

Et vous ?

Que faites-vous ?

Je suis étudiant.

2 다음 문장을 프랑스어로 통역해 보세요.

저는 (본인 이름)입니다.

저는 학생입니다.

당신은요?

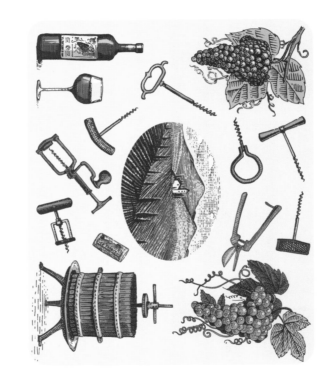

'Sommelier'(소믈리에)라는 단어는 오늘날 고객의 입맛에 맞는 와인을 골라주고, 식사와 어울리는 와인을 추천하는 전문가를 뜻합니다. 하지만 이 단어의 원래 뜻은 그게 아니었어요!

역사를 거슬러 올라가면 'sommelier'는 중세 프랑스어에서 'sommer'라는 단어에서 유래되었는데요, 'sommer'는 '짐을 운반하는 짐승(말, 나귀 등)'을 의미했어요.

그래서 중세 시대에 'sommelier'는 귀족이나 왕족의 집에서 물품을 운반하고, 저장하고, 분류하는 일을 맡은 사람을 가리키는 데 사용되었습니다.

그 당시 와인은 소중한 자원 중 하나였기 때문에, 와인을 관리하고 선택하는 일 또한 매우 중요한 임무였지요.

이러한 역사적 배경을 바탕으로, 점차 와인에 대한 전문 지식과 서비스 기술이 점점 중요해지면서 'sommelier'가 현대에 와서는 와인 전문가를 의미하게 되었습니다. 현재 'sommelier'는 와인의 특징, 생산 지역, 향기, 맛과 같은 다양한 요소를 깊게 이해하고, 그 지식을 바탕으로 와인과 음식의 완벽한 조화를 찾아내는 전문가를 의미합니다.

4

오늘 무슨 요일이죠?

Quel jour sommes-nous ?

1월~12월, 요일

의문형용사 quel

어제, 오늘, 내일

숫자 11~30

01 지난 과 복습

1 인칭대명사에 맞게 동사변형을 적어보세요.

être ~이다

① je _____

② tu _____

③ il _____

④ elle _____

⑤ nous _____

⑥ vous _____

⑦ ils _____

⑧ elles _____

faire 하다

① je _____

② tu _____

③ il _____

④ elle _____

⑤ nous _____

⑥ vous _____

⑦ ils _____

⑧ elles _____

02

단어

1월~12월, 요일

1월~12월

프랑스어의 월 이름은 영어와 생김이 유사합니다. 조금만 노력하면 쉽게 외울 수 있어요!
프랑스어는 월과 요일에 대문자를 쓰지 않습니다.

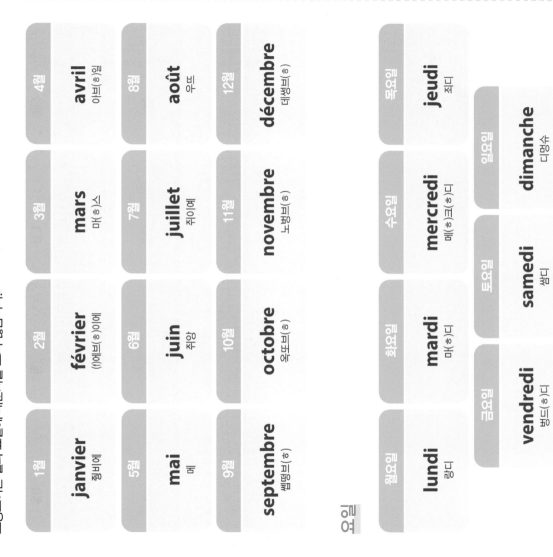

1월	2월	3월	4월
janvier 졍비에	**février** (f)에브(ㅎ)이에	**mars** 마(ㅎ)스	**avril** 아브(ㅎ)일

5월	6월	7월	8월
mai 메	**juin** 쥬앙	**juillet** 쥐이에	**août** 우뜨

9월	10월	11월	12월
septembre 셉떵브(ㅎ)	**octobre** 옥또브(ㅎ)	**novembre** 노벙브(ㅎ)	**décembre** 데셍브(ㅎ)

요일

월요일	화요일	수요일	목요일
lundi 렁디	**mardi** 마(ㅎ)디	**mercredi** 메(ㅎ)크(ㅎ)디	**jeudi** 죄디

금요일	토요일	일요일
vendredi 벙드(ㅎ)디	**samedi** 쌈디	**dimanche** 디멍슈

단어 연습

1 다음 빈칸을 프랑스어로 채워보세요.

| 1월 | 2월 | 3월 | 4월 |

| 5월 | 6월 | 7월 | 8월 |

| 9월 | 10월 | 11월 | 12월 |

2 다음 빈칸을 프랑스어로 채워보세요.

| 월요일 | 화요일 | 수요일 | 목요일 |

| 금요일 | 토요일 | 일요일 |

회화

Gabriel Bonjour, Julie.

Quel jour sommes-nous ?

Julie Aujourd'hui, nous sommes jeudi.

Gabriel Merci, et quelle est la date d'aujourd'hui ?

Julie C'est le 7 avril 2022.

Gabriel Oh, c'est ton anniversaire demain,

n'est-ce pas ?

Julie Oui, c'est vrai !

Merci, tu es très gentil.

가브리엘	안녕, 줄리.
	(오늘) 무슨 요일이지?
줄리	오늘, 목요일이야.
가브리엘	고마워. 그리고 오늘은 며칠이지?
줄리	2022년 4월 7일이야.
가브리엘	오, 내일은 너의 생일이네.
	그렇지 않아?
줄리	응 맞아!
	고마워, 정말 친절하구나!

회화 연습

Gabriel
Bonjour, Julie.
봉쥬(ㅎ) 쥴리

Julie
Quel jour sommes-nous ?
껠 쥬(ㅎ) 쏨누

Julie
Aujourd'hui, nous sommes jeudi.
오쥬(ㅎ)뒤 누 쏨 죄디

quel은 영어의 what과 비슷해요.
영어에서는 요일이나 날짜를 묻고 답할 때 it을 사용하
지만, 프랑스어에서는 특이하게도 1인칭 복수 대명사인
nous를 사용해 묻고 대답합니다.

nous를 못 보았으니 nous로 대답해요. 종종 "C'est~"로 답
변하기도 합니다. C'est jeudi(목요일이야).

aujourd'hui 오늘

Gabriel
Merci, et quelle est la date d'aujourd'hui ?
멬(ㅎ)씨 에 껠 레 라 다뜨 도쥬(ㅎ)뒤

Julie
C'est le 7 avril 2022.
쎄 르 쎄뜨 아브힣(ㅎ) 드밀방드

date는 여성 명사m라서 quel이 아닌 여성형 quelle를 써
요. quel과 발음은 같습니다.

대답할 때는 "C'est…"로 대답해요. 날짜, 달, 이름, 연도
순입니다. 날짜 앞에는 정관사 le를 붙여요.
영어와는 다르게 프랑스어는 연도 앞에 (쉼표)를 사용하
지 않습니다.

Nicolas
Oh, c'est ton anniversaire demain,
오 쎄 똥 나니베(ㅎ)쎄(ㅎ) 드망

Nicolas
n'est-ce pas ?
네쓰 빠

anniversaire 생일

Julie
Oui, c'est vrai !
위 쎄 브(ㅎ)에

vrai 사실의, 진실한

Julie
Merci, tu es très gentil.
멬(ㅎ)씨 뒤 에 트(ㅎ)에 졍띠

très 정말 gentil 친절한

프랑스어 의문조사 (1)

의문형용사 quel

quel은 명사를 꾸며주는 의문사라서 의문형용사라고 불립니다. '무슨', '어떤', '어느' 등을 뜻합니다. 항상 명사와 함께 쓰이고, 명사의 성별과 수를 구분해서 써줍니다. 다행히 발음은 모두 똑같아요!

지금은 남자를 물어보는 표현으로만 배워보고, 6과에서 한 번 더 만나요!

	남성	여성
단수	quel 껠	quelle 껠
복수	quels 껠	quelles 껠

Quel jour sommes-nous ? 무슨 요일이죠?

Quelle est la date d'aujourd'hui ? 오늘 며칠이죠?

└── 명사의 성별과 수 일치!

요일 묻기

요일을 물을 때는 1인칭 복수 대명사인 nous를 씁니다.

A : Quel jour sommes-nous ?
  껠 쥬(ㅎ) 쏨누

B : C'est 요일.
  쎄

Nous sommes 요일.
  누 쏨

프랑스어 오모조모 (2)

MP3 04-03

01

날짜 묻기

date가 여성 명사이기 때문에 quelle이 쓰입니다.
대답할 때는 "C'est + 날짜 + 달 + 연도, "라고 해요, 날짜 앞에는 반드시 정관사 le를 붙여줍니다.

A : Quelle est la date d'aujourd'hui ?
껠 레 라 다뜨 도쥬(ㅎ)뒤

B : C'est le 날짜.
쎄 르

어제 / 오늘 / 내일

| 그제 | 어제 | 오늘 | 내일 | 모레 |

avant-hier
아방띠에(ㅎ)

hier
이에(ㅎ)

aujourd'hui
오쥬(ㅎ)뒤

demain
드망

après-demain
아프(ㅎ)에드망

n'est-ce pas?

영어 배울 때 부가의문문이라고 들어보셨나요? "n'est-ce pas ?"는 평서문 뒤에 붙인 부가의문문과 같은 기능을 하는 어구로 '그렇지 않니?'라는 뜻입니다. 영어 부가의문문은 동사에 따라서 형태가 달라지지만, n'est-ce pas도 항상 같은 형태로 문장 마지막에 붙여주기만 하면 됩니다. 아주 쉽지요?

Elle est belle, n'est-ce pas ?   그녀는 예쁘죠, 그렇지 않아요?
엘 레 벨 네스 빠

Tu es prêt, n'est-ce pas ?   너 준비되었지, 그렇지 않니?
뛰 에 프(ㅎ)에 네스 빠

단어

belle 아름다운(beau의 여성형 형용사) prêt 준비된

프랑스어 모모조모 (3)

C'est

C'est는 '이것'을 가리키는 ce와 '~이다'라는 뜻의 동사 est가 결합된 형태로, 단어 끝이 모음과 만나면 e가 생략되고 '(apostrophe)로 바뀝니다. 엘리지옹 현상 기억하시나요? C'est 뒤에는 명사나 형용사가 옵니다.

C'est facile !
세 (f)아씰
그것은 쉽다.

C'est mon ami.
세 모 나미
이 사람은 내 친구입니다.

부정문으로 만들 때는 est 앞에 ne, 뒤에 pas를 넣어주면 됩니다.

Ce + ne + est + pas
쓰 네 빠

Ce+ne+est+pas인데, 단어 끝이 e가 다른 모음과 만나면 e가 생략되고 '로 바뀐다고 방금 위에서 배웠지요. 그래서 최종적으로는 "Ce n'est pas ~"가 됩니다.

Ce n'est pas facile.
쓰 네 빠 (f)아씰
그것은 쉽지 않다.

Ce n'est pas mon ami.
쓰 네 빠 모 나미
이 사람은 내 친구가 아닙니다.

facile 쉬운

2과에서 1~10까지 배웠던 것 기억하시나요? 이번에는 숫자 11~30까지 알아보도록 해요.

11 onze 옹즈	21 vingt-et-un 뱅떼앙
12 douze 두즈	22 vingt-deux 뱅드
13 treize 트(흐)에즈	23 vingt-trois 뱅트(흐)와
14 quatorze 까또(흐)즈	24 vingt-quatre 뱅까트(흐)
15 quinze 깡즈	25 vingt-cinq 뱅쌍끄
16 seize 쎄즈	26 vingt-six 뱅씨스
17 dix-sept 디쎄트	27 vingt-sept 뱅쎄트
18 dix-huit 디즈위트	28 vingt-huit 뱅뜨위트
19 dix-neuf 디즈너(f)	29 vingt-neuf 뱅너(f)
20 vingt 뱅	30 trente 트(흐)엉뜨

· 숫자 17 dix-sept의 x는 발음하지 않지만 18, 19에 있는 x는 [즈]로 발음합니다.

· 숫자 20 vingt는 홑자서는 끝의 지음 t가 발음되지 않아요. 하지만 21은 et의 모음 e와 리에종 되면서 t가 발음됩니다. 22~29도 약하게 t 발음을 해주셔야 합니다.

연습 문제 (1)

빈칸에 알맞은 단어를 넣어 문장을 완성해보세요.

1 무슨 요일이죠?

Quel jour _____ -nous?

2 오늘은 금요일이에요.

Aujourd'hui, nous sommes _____ .

3 오늘 며칠이죠?

_____ est la date d'aujourd'hui ?

4 2022년 8월 20일이에요.

C'est le 20 _____ 2022.

5 오, 내일은 당신의 생일이네요, 그렇지 않아요?

Oh, c'est votre anniversaire demain, _____ ?

6 네, 맞아요. 고마워요, 정말 친절하시네요!

Oui, c'est vrai! Merci, vous êtes très _____ .

연습 문제(2)

1 다음 숫자에 해당하는 프랑스어를 알맞게 연결하세요.

11 ●	● vingt
12 ●	● onze
14 ●	● douze
18 ●	● vingt-trois
20 ●	● dix-huit
23 ●	● quatorze
25 ●	● vingt-sept
27 ●	● vingt-cinq
30 ●	● trente

2 숫자에 빠진 철자를 채워 넣어보세요.

① **13** tr[ ]ize

② **15** q[ ]inze

③ **16** s[ ]ize

④ **17** dix-se[ ]t

⑤ **19** dix-ne[ ]f

⑥ **21** vin[ ]t-et-un

듣기

1 잘 듣고 빈칸에 알맞은 단어를 써넣으세요.

❶ ☐ jour sommes-nous ?

❷ ☐ est la date d'aujourd'hui ?

❸ C'est ☐ anniversaire !

2 다음 문장을 잘 듣고, 틀린 글자를 동그라미 하고 바르게 고치세요.

보기 Salut, Nicolas.   (ㅣ)

❶ Vous sommes jeudi.   ( )

❷ Quelle est le date d'aujourd'hui ?   ( )

❸ S'est vrai !   ( )

1 다음 단어를 3번씩 발음해보세요.

avant-hier   hier   aujourd'hui   demain   après-demain

2 다음 패턴으로 말해보세요.

A : Quel jour sommes-nous ?

B : Nous sommes lundi.

① jeudi

② mercredi

③ samedi

④ dimanche

쓰기

1 다음 문장을 따라 써보세요.

Quel jour sommes-nous ?

✎

Aujourd'hui, nous sommes jeudi.

✎

Merci, et quelle est la date d'aujourd'hui ?

✎

C'est ton anniversaire demain, n'est-ce pas ?

✎

C'est vrai!

✎

Vous êtes très gentil.

✎

2 다음 문장을 프랑스어로 써보세요.

오늘은 월요일이야(월요일이에요).

✎

맞아!

✎

오늘이 며칠이야?(며칠이에요?)

✎

프랑스의 식사 문화

1 **6시 전에 저녁을 먹지 않아요.**

프랑스인은 보통 6시 전에 저녁을 먹지 않아서 레스토랑 대부분이 7시가 지나서야 문을 열어요. '해피 아워'라고 해서, 저녁 식사 전에 간단한 술과 안주를 할인된 가격으로 파는 식당도 있습니다.

2 **먼저 앉지 마세요.**

프랑스인의 집에 초대받았을 때, 주인이 앉을 곳을 정해주기 전까지는 먼저 앉지 마세요.

3 **레스토랑에서 음식을 나누지 마세요.**

프랑스인들은 음식 하나를 주문하여 나눠 먹는 경우가 거의 없습니다. 보통 주문해서 나오는 음식의 양도 우리나라 음식점에서 나오는 양만큼 푸짐하지 않고요. 레스토랑에서 주문할 때는 꼭 각자 먹을 것을 주문해야 합니다.

4 **식사 도중에 탄산 음료를 마시지 않아요.**

프랑스인들은 식사 중에 주로 물이나 와인만을 마십니다. 탄산음료는 식사 전이나 후에 마시고, 식사 중에는 마시지 않는 편이에요.

5 **손으로 음식을 먹지 않아요.**

프랑스인들은 빵을 제외한 음식을 먹을 때 손을 사용하는 일이 거의 없습니다. 우리가 흔히 손으로 먹는 피자나 버거도 가정이 아닌 외부에서 먹을 때는 나이프와 포크를 사용해서 먹습니다.

식사 전에 서로 나누는 인사

Bon appétit!
봉 나뻬띠

맛있게 드세요! / 잘 먹겠습니다.

5

사과 1킬로 주세요.

Je voudrais un kilo de pommes.

물건 단위 세기

동사 vouloir

1 지난 과에서 배운 요일과 월 이름을 떠올리며 빈칸을 채워보세요.

① 오늘은 수요일이에요.

Nous sommes _____

② 오늘은 월요일이에요.

Nous sommes _____

③ 1월 19일이에요.

C'est le 19 _____ .

④ 3월 4일이에요.

C'est le 4 _____ .

2 날짜 관련 표현에 빠진 철자를 채워 넣어보세요.

① | a | | t | - | h | i | e | r | 그저께

② | | r | 어제

③ | a | u | | d' | h | u | i | 오늘

④ | d | e | | n | 내일

⑤ | a | p | | - | d | e | | n | 모레

단어

02

과일

raisin
(ㅎ)에장
포도

pomme
뽐므
사과

citron
씨트(ㅎ)옹
레몬

orange
오(ㅎ)엉쥬
오렌지

poire
뿌와(ㅎ)
배

pêche
뻬슈
복숭아

banane
바나느
바나나

abricot
아브(ㅎ)이꼬
살구

채소

pomme de terre
뽐므 드 때(ㅎ)
감자

carotte
꺄(ㅎ)오뜨
당근

oignon
오뇽
양파

tomate
또마뜨
토마토

concombre
꽁꽁브(ㅎ)
오이

laitue
레뛰
양상추

aubergine
오베(ㅎ)진
가지

potiron
뽀띠(ㅎ)옹
단호박

단어 연습

1 보기의 단어에 해당하는 과일에 동그라미 해보세요.

보기 | raisin | pomme | carotte | citron | aubergine

회화

(Au marché)

Julie　Bonjour, monsieur.

Je voudrais un kilo de raisin.

Vendeur　Un kilo de raisin! Et avec ceci ?

Julie　Deux kilos de pommes de terre.

Vendeur　Deux kilos! Autre chose ?

Julie　Oui, je voudrais aussi un kilo de pommes,

cinq citrons et une carotte.

Vendeur　Alors, 30 euros.

Julie　Voilà.

(시장에서)

줄리　　안녕하세요, 사장님.
　　　　포도 1킬로 사고 싶은데요.

사장　　포도 1킬로! 그리고 또 있나요?

줄리　　감자 2킬로요.

사장　　2킬로! 다른 것은요?

줄리　　네, 사과 1킬로, 레몬 5개랑 당근 1개도
　　　　주세요.

사장　　그럼, 30유로네요.

줄리　　여기 있습니다.

(Au marché)
오 마(ㅎ)셰

Julie

Bonjour, monsieur.
봉쥬(ㅎ) 므씨으

Je voudrais un kilo de raisin.
쥬 부드(ㅎ)에 엉 낄로 드 (ㅎ)에장

Vendeur **Un kilo de raisin! Et avec ceci ?**
엉 낄로 드 (ㅎ)에장 에 아벡 쓰씨

Julie **Deux kilos de pommes de terre.**
드 낄로 드 뽐 드 떼(ㅎ)

Vendeur **Deux kilos ! Autre chose ?**
드 낄로 오뜨(ㅎ) 쇼즈

Julie **Oui, je voudrais aussi un kilo de pommes,**
위 쥬 부드(ㅎ)에 오씨 엉 낄로 드 뽐

cinq citrons et une carotte.
쌩끄 씨트(ㅎ)옹 에 윈 꺄(ㅎ)오뜨

Vendeur **Alors, 30 euros.**
알로(ㅎ) 트(ㅎ)엉뜨(ㅎ)오

Julie **Voilà.**
브왈라

---

au는 à+le에요. 이렇게 줄여 쓰는 걸 축약관사라고 하
는데, 12과에서 배울 거예요. à는 '~에서'이고 le는 명사
앞에 붙는 정관사이지요. le니까 marché는 남성명사겠
네요!

marché 시장

일반적으로 포도 한 알이를 말할 때는 단수 형태인
raisin이라고 합니다. 포도 알갱이 여러 개를 말할 때는
raisins라고 하기도 해요.

kilo 킬로그램

손님에게 더 원하는 것이 있는지 물어볼 때 흔히 사용되
는 표현입니다. 영어의 "Anything else?"와 유사해요.

avec ~와 함께 ceci 이것

위에서 배운 "Et avec ceci ?"와 비슷한 표현이에요. 더
이상 없을 때에는 "Ce sera tout, merci !"라고 하면 됩
니다.

autre 다른 chose 것, 물건 말

---

carotte가 여성명사니까 앞에 une이 붙습니다.

Voilà는 영어의 "Here you are. '처럼 물건을 건넬 때
하는 말이에요.

06 프랑스어 모모모(1)

물건 단위 세기

숫자 + 단위명사 + de + 물건

어떤 물건의 양을 단위를 포함해서 말할 때는 위와 같은 순서에 맞춰 말해야 해요.
이 때 de는 한국어로 번역할 때 '의~'와 같은 의미로 해석되는 전치사입니다.

1 무게나 부피를 나타내는 단어와 함께 쓸 때

un kilo de pommes   사과 한 킬로그램 (1킬로그램의 사과)
앙   낄로   드   뽐

deux litres d'eau   물 2리터 (2리터의 물)
드   리트(ㅎ)   도

2 불특정한 양을 나타낼 때

beaucoup de raisin   많은 포도
보꾸   드   (ㅎ)에장

---

aussi는 주로 '또한', '역시', '마찬가지로'의 뜻으로 사용됩니다. 일반적으로 문장 끝에 위치하고, 앞에 언급된 말에 덧붙여서 추가로 말할 때 사용됩니다.

Il aime le citron, moi aussi.   그는 레몬을 좋아해, 나도 마찬가지야.
일 쌤므 르 씨트(ㅎ)(옹) 므와   오씨

Elle parle anglais, elle parle aussi français.   그녀는 영어를 말해, 또한 프랑스어도 말해.
엘 빠(ㅎ)을 앙글래 엘 빠(ㅎ)을 오씨 (f)(ㅎ)앙쌔

그녀는 영어를 말해, 또한 프랑스어도 말해.

단어

litre 리터 eau 물

01

프랑스어 표현조무 (2)

MP3 05-04

vouloir (원하다) 〈불규칙동사〉

> 이번 과에서 가장 어려운 문법이니까, 잠깐만 집중해주세요!

동사원형은 vouloir(원하다)로 영어의 want와 같습니다. 불규칙동사로 '나는 ~을 원한다', '나는 ~을 하고 싶다'는 Je veux ~가 됩니다.

인칭	단수	복수
나(1인칭)	je veux 주 브	nous voulons 누 불롱
너(2인칭)	tu veux 뛰 브	vous voulez 부 불레
그(3인칭)	il veut 일 브 elle veut 엘 브	ils veulent 일 블르 elles veulent 엘 블르

힌트지만 우리가 프랑스에 가서 뭔가를 원할 때는 보통 처음 보는 모든 사람에게 말하겠지요? 식당에서 직원에게 계 물로 말라고 하거나 물건을 살 때 '저것을 주세요'라고 하니까요. 프랑스로 가는 말이 고와야 오는 말 이 고운 나라여서, Je voudrais ~로 말하면 훨씬 더 센스 있고 예의 바른 표현이 됩니다.

Je voudrais + 명사 ~를 주세요
주 부드(흐)에

Je voudrais + 동사원형 ~을 하고 싶어요
주 부드(흐)에

사실 voudrais는 동사원형 vouloir의 조건법 현재형인데, 머리 아프니까 지금은 먼저 문지 말라도 돼요. Je voudrais을 통째로 외우세요. 공손하게 말할 때는 '조건법 현재형'이 많이 쓰인다는 것 정도만 알아두세요!

Je voudrais une chambre.
주 부드(흐)에 샹브(흐)
방을 하나 원하는데요. (voudrais + 명사)

Je voudrais dire une chose.
주 부드(흐)에 디(흐) 윈 쇼즈
한 가지 말씀 드리고 싶은데요. (voudrais + 동사원형)

On voudrait voir le menu.
옹 부드(흐)에 브왓(흐) 르 므뉴
메뉴를 좀 보고 싶은데요.

프랑스어 모모모모 (3)

08

Voilà

Voilà는 영어로 하면 "See there."라고 할 수 있는데요. 일상생활에서 다양한 의미로 사용됩니다.

1 상대방에게 물건을 건넬 때 (영어 "Here you are."과 비슷해요!)

2 상대방이 방금 한 말에 대해 동의할 때 (영어 "That's right."과 비슷해요!)

3 말과 말 사이의 공간을 메꿔줄 때 (영어 "you know"와 비슷해요!)

alors

alors는 주로 '그러면', '그래서' 또는 '그때'라는 뜻으로 쓰이는데요. 상황에 따라 다양하게 활용됩니다. 대표적으로 쓰이는 상황을 바로 예문에서 확인해볼게요.

Tu es prêt ? Alors, on y va. 준비됐어? 그러면, 가자. (결정을 내릴 때)
뛰 에 프(ㅎ)에   알로(ㅎ) 오 니 바

Il pleut, alors je reste à la maison. 비가 오니까, (그래서) 나는 집에 머물러. (결과를 나타낼 때)
일 쁠르 알로(ㅎ) 쥬 (ㅎ)에스트 알 라메종

Alors, qu'est-ce que tu en penses ? 그러면, 너는 뭐라고 생각해? (대화를 이어갈 때)
알로(ㅎ)   께스   끄 뛰 엉 뻥스

단어 il pleut 비가 오다 rester 머물다, 계속 ~하다 maison 집 penser 생각하다

상점에서 사용하는 다음 표현을 더 알아보도록 할까요?

손님이 사용하는 표현

Vendez-vous des fruits ?
방데부 데 (f)(ㅎ)뤼
과일을 파시나요?

Je voudrais acheter ça.
쥬 부드(ㅎ)에 아슈테 싸
이걸 사고 싶어요.

Combien ça coûte ?
꽁비앙 싸 꾸뜨
얼마예요?

Combien ça fait ?
꽁비앙 싸 (f)(ㅎ)에
(모두 합쳐) 얼마예요?

Je vais prendre ça.
쥬 베 프(ㅎ)앙드(ㅎ) 싸
이걸로 할게요.

꿀팁
• 이 손을 바꾸어서 Ça coûte combien? 처럼 말할 수도 있어요.
• aller 동사에 다른 동사 원형을 붙이면 가까운 미래를 나타냅니다. (근접미래)

점원이 사용하는 표현

Que désirez-vous ?
끄 데지(ㅎ)에부
무엇을 원하세요?

Que puis-je faire pour vous ?
끄 쀠(ㅎ)쥬 (f)(ㅎ)에(ㅎ) 뿌(ㅎ) 부
어떻게 도와 드릴까요?
(제가 당신을 위해서 무엇을 할 수 있을까요?)

Ça fait 15 euros.
싸 (f)(ㅎ)에 깡 즈(ㅎ)오
모두 합쳐 15유로입니다.

단어
vendre 팔다 fruit 과일 acheter 사다 coûter 값이 ~이다 désirer 연모하다 pouvoir 할 수 있다 pour ~를 위해

연습 문제 (1)

1 보기에 주어진 단어를 활용하여 문장을 완성하세요.

보기

un kilo de	deux	deux kilos d'	trois
quatre kilos d'	cinq	tomates	citrons
abricots	carottes	oignons	pêches

예 포도 1킬로그램 주세요. Je voudrais un kilo de raisin.

① 토마토 1킬로그램 주세요.

　　Je voudrais

② 레몬 2개 주세요.

　　Je voudrais

③ 살구 2킬로그램 주세요.

　　Je voudrais

④ 당근 3개 주세요.

　　Je voudrais

⑤ 양파 4킬로그램 주세요.

　　Je voudrais

⑥ 복숭아 5개 주세요.

　　Je voudrais

연습 문제 (2)

2 인칭대명사를 보고 동사 vouloir를 알맞게 연결하세요.

① Je ● ● veulent

② Elle ● ● veut

③ Tu ● ● veux

④ Nous ● ● voulons

⑤ Ils ● ● voulez

⑥ Vous ● ● veux

3 해석을 보고 주어진 단어를 알맞게 재배치해서 문장을 써보세요.

① 감자 2킬로요.

(de, kilos, deux, pommes de terre)

_____ .

② 레몬 5개랑 당근 1개도 주세요.

(carotte, voudrais, et, une, cinq, aussi, je, citrons)

_____ .

듣기

1 잘 듣고 빈칸에 알맞은 단어를 써넣으세요.

❶ Je [   ] un kilo de pommes.

❷ [   ] chose ?

❸ Et [   ] ceci ?

2 다음 문장을 잘 듣고, 틀린 글자를 동그라미 하고 바르게 고치세요.

보기 Sa(l)ut, Nicolas.　(l)

❶ On kilo de raisin　(   )

❷ Je boudrais aussi trois citrons.　(   )

❸ Boilà.　(   )

말하기

1 다음 단어를 3번씩 발음해보세요.

| raisin | pomme | orange | banane | carotte |

2 다음 패턴으로 말해보세요.

A : Autre chose ?

B : Je voudrais aussi sept abricots.

① cinq citrons

② quatre pommes

③ deux carottes

④ trois bananes

쓰기

1 다음 문장을 따라 써보세요.

Je voudrais un kilo de pommes.

Et avec ceci ?

Autre chose ?

Je voudrais aussi cinq citrons et une carotte.

Alors, 30 euros.

Voilà.

2 다음 문장을 프랑스어로 써보세요.

감자 1킬로그램 주세요.

그럼, 15 유로네요.

레몬 2개 주세요.

몽트뢰유 벼룩시장 Les Puces de Montreuil

각국의 벼룩시장을 둘러보는 것을 좋아하거나 파리 시장의 정취를 만끽하고 싶다면, 파리에서 가장 큰 벼룩시장인 몽트뢰유 벼룩시장에 방문해보세요! 빈티지 의류, 액세서리, 부속품, 앤티크 제품 등 없는 게 없을 정도로 다양한 상품들을 만날 수 있답니다. 혹시 파리지앵의 살림 엿볼 수 있는 장소이기도 하니 참시 들러봐도 좋아요. 여행지에서 기념품을 구매했는데 현지 파리지앵이 만들어지지 않은 제품이라 실망한 적이 있다면, 몽트뢰유 벼룩시장에 들러 현지에서 만들어진 예쁜 기념품과 선물을 골라봐세요, 시장 특성상 카드 결제가 힘드니, 꼭 현금을 챙겨가세요!

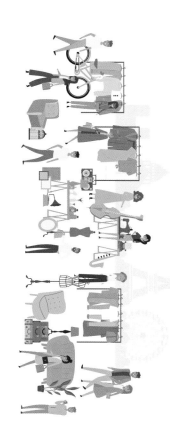

무프타르 시장 MARCHE MOUFFETARD

무프타르 거리에 길게 늘어서 있는 무프타르 시장은 파리에서 가장 오래되고 활기찬 전통시장으로 유명합니다. 많은 레스토랑과 카페, 상점들이 자리 잡고 있어요. 무프타르 시장의 역사는 중세 시대로 거슬러 올라갑니다. 이 거리는 처음에 '샘 마르쎌'로 불리다가 이후에 '샘 막소'라고 불렸습니다. 그러다 경기에서 도축 일을 하던 푸줏간 주인의 이름을 따서 무프타르 거리로 불리게 되었다고 합니다. 무프타르 남쪽부터 자연스럽게 정육점, 생선 가게, 치즈 가게, 제과점, 와인 상점, 채소 가게들이 생겨났으고, 그 역사가 지금까지 이어지고 있습니다.

9

테이블을 하나 예약하고 싶은데요.
Je voudrais réserver une table.

의문형용사

동사 être의 단순미래

1 지난 과에서 배운 과일 이름과 숫자를 떠올리며 적어보세요.

① 사과 7개 주세요.

Je voudrais _____.

② 오렌지 5개 주세요.

Je voudrais _____.

③ 당근 2개 주세요.

Je voudrais _____.

④ 오이 10개 주세요.

Je voudrais _____.

⑤ 양파 9개 주세요.

Je voudrais _____.

2 인칭에 알맞게 vouloir(원하다) 동사의 형태를 적어보세요.

je	tu

il / elle	nous

vous	ils / elles

단어

02

식당에서

verre 베(ㅎ) 글래스

assiette 아씨에뜨 접시

cuillère 뀌이에(ㅎ) 스푼

tasse 따스 잔

carte 까(ㅎ)뜨 메뉴

entrée 엉트(ㅎ)에 에피타이저

plat 쁠라 메인 요리

dessert 데쎄(ㅎ) 디저트, 후식

serviette 쎄(ㅎ)비에뜨 냅킨

fourchette (f)우(ㅎ)쉐뜨 포크

couteau 꾸또 나이프

soucoupe 수꾸쁘 컵받침

petit déjeuner 쁘띠 데줴네 아침

déjeuner 데줴네 점심

dîner 디네 저녁

table 따블 테이블, 식탁

스테이크 굽기 종류

saignant 쎄니엉 레어 (안이 매우 붉게 익음)

cuit 뀌 미디엄 웰던 (안이 살짝 분홍색으로 익음)

bleu 블르 매우 레어 (거의 생고기 상태)

à point 아 뿌앙 미디엄 레어 (안이 붉게 익음)

bien cuit 비앙 뀌 웰던 (안이 완전히 익음)

saignant은 원래 '피가 나는'이라는 뜻이에요.

1 요리에서 배운 단어들입니다. 빠진 철자를 채워 놓으세요.

① 글래스   v ☐ rre

② 냅킨   ser ☐ iette

③ 접시   ass ☐ ette

④ 포크   ☐ ourchette

⑤ 스푼   cuill ☐ re

⑥ 잔   ☐ asse

⑦ 컵받침   ☐ oucoupe

⑧ 메뉴   car ☐ e

⑨ 에피타이저   e ☐ trée

⑩ 메인요리   ☐ lat

⑪ 아침   pe ☐ it déjeuner

⑫ 점심   dé ☐ euner

⑬ 저녁   dî ☐ er

회화

(Au restaurant)

Employée Restaurant <La table du chef>, bonjour.

Nicolas Bonjour, je voudrais réserver une table pour ce soir.

Employée Oui, vous serez combien ?

Nicolas Ce sera pour quatre personnes.

Employée Alors, quatre personnes pour ce soir.

C'est à quel nom ?

Nicolas Lambert. L.A.M.B.E.R.T.

Employée Monsieur Lambert, pour quatre personnes.

C'est noté, monsieur.

<레스토랑에서>

직원 <라 따블 드 슈> 레스토랑입니다. 안녕하세요.

니꼴라 안녕하세요. 오늘 저녁, 테이블을 하나 예약하고
싶은데요.

직원 네, 몇 분이시죠?

니꼴라 네 명이 될 거예요.

직원 그럼 오늘 밤 네 분이시네요.
성함을 무엇으로 해드릴까요?

니꼴라 랑베(흐)예요. L.A.M.B.E.R.T.

직원 랑베(흐) 씨 이름으로 네 분.
예약되셨습니다. 손님.

6과 05

(Au restaurant)
오 (ㅎ)에스또(ㅎ)엉

> restaurant 식당, 음식점

Employée: Restaurant <La table du chef>, bonjour.
(ㅎ)에스또(ㅎ)엉 <라 따블 뒤 셰프>, 봉쥬(ㅎ)

Nicolas: Bonjour, je voudrais réserver une table pour ce soir.
봉쥬(ㅎ) 쥬 부드(ㅎ)에 (ㅎ)에제(ㅎ)베 윈 따블 뿌(ㅎ) 쓰 쓰와(ㅎ)

> réserver 예약하다 soir 저녁 ce soir 오늘 저녁
>
> 5과에서 배운 voudrais 기억하시죠? 공손히 뭔가를 요구할 때 쓰는 표현입니다. voudrais 뒤에는 명사 또는 동사원형이 오는데, 여기서는 동사원형 réserver(예약하다)가 나왔어요.

Employée: Oui, vous serez combien ?
위 부 쓰(ㅎ)에 꽁비엉

Nicolas: Ce sera pour quatre personnes.
쓰 쓰(ㅎ)아 뿌(ㅎ) 꺄트(ㅎ) 뻬(ㅎ)쏜느

> serez의 sera는 모두 동사 être의 미래형이에요. 각각 2인칭 복수형, 3인칭 단수형의 미래형입니다. 영어의 "will be"에 해당합니다. 프랑스어는 미래시제도 인칭에 따라 변화하여 어렵지만, 지금은 자주 쓰는 동사 몇 개만 알아도 충분해요. 미래시제의 동사변형에 대해서는 이후에 다루겠습니다.
>
> personne 사람

Employée: Alors, quatre personnes pour ce soir.
알로(ㅎ) 꺄트(ㅎ) 뻬(ㅎ)쏜느 뿌(ㅎ) 쓰 쓰와(ㅎ)

C'est à quel nom ?
쎄따 껠 농

Nicolas: Lambert. L.A.M.B.E.R.T.
렁베(ㅎ)

> quel은 의문대명사와 의문형용사로, 영어의 what과 비슷합니다. 의문형용사로 쓰일 때 수식하는 명사의 성에 따라 quel(남성형), quelle(여성형)이 됩니다.
>
> 이름이나 명칭을 정확히 알아듣지 못해서 철자를 불러달라고 요청할 때는 "Vous pouvez épeler, s'il vous plaît?"라고 말할 수 있습니다.

Employée: Monsieur Lambert, pour quatre personnes.
므씨으 렁베(ㅎ) 뿌(ㅎ) 꺄트(ㅎ) 뻬(ㅎ)쏜느

C'est noté, monsieur.
쎄 노떼 므씨으

> noté 표시된, 기록된

프랑스어 의문조모(1)

이문형의문

4과에서 배웠던 quel 기억하시나요? 이문형용사는 정보를 요청하거나 특정 사물, 사람, 상황을 질문할 때 사용합니다. 이번에는 다른 예문으로도 배워봅시다.

인칭	남성	여성
단수	quel 껠	quelle 껠
복수	quels 껠	quelles 껠

Quel livre veux-tu ?
껠 리브(ㅎ) 브 뛰

어떤 책을 원해? (남성형 단수)

Quels jours es-tu disponible ?
껠 쥬(ㅎ) 에 뛰 디스뽀니블

어떤 날(들)에 시간이 돼? (남성형 복수)

Quelle couleur préfères-tu ?
껠 꿀러(ㅎ) 프(ㅎ)에(f)에(ㅎ) 뛰

어떤 색을 좋아해? (여성형 단수)

Quelles chaussures portes-tu ?
껠 쇼쒸(ㅎ) 뽀(ㅎ)뜨 뛰

넌 어떤 신발을 신어? (여성형 복수)

단어

livre 책 disponible 시간이 되는, 사용할 수 있는 couleur 색, 색깔 chaussures 신발

01 프랑스어 요모조모 (2)

동사 être의 단순미래

프랑스어에도 '~할 것이다'를 뜻하는 미래형이 있습니다. '단순미래'라고 하는데요, 동사형형에 단순미래 어미를 합쳐서 만들어요. 그중에 우선 동사 être의 단순미래를 배워볼게요. 동사 être는 정말 많이 쓰이니까요! 영어로 대응하면 'will be'에 해당합니다. ser 뒤의 어미가 어떻게 변화하는지 익혀보세요.

인칭	단수		복수	
나(1인칭)	je serai 쥬 쓰(ㅎ)에		nous serons 누 쓰(ㅎ)옹	
너(2인칭)	tu seras 뛰 쓰(ㅎ)아		vous serez 부 쓰(ㅎ)에	
그(3인칭)	il sera 일 쓰(ㅎ)아	elle sera 엘 쓰(ㅎ)아	ils seront 일 쓰(ㅎ)옹	elles seront 엘 쓰(ㅎ)옹

Je serai à l'hôtel.
쥬 쓰(ㅎ)에 알 로뗄
저는 호텔에 있을 거예요.

Tu seras grand.
뛰 쓰(ㅎ)아 그(ㅎ)엉
너는 크게 자랄 거야.

Elle sera médecin.
엘 쓰(ㅎ)아 메드쌍
그녀는 의사가 될 거야.

Nous serons amis.
누 쓰(ㅎ)옹 아미
우리는 친구가 될 거야.

Ils seront fatigués.
일 쓰(ㅎ)옹 (f)아띠게
그들은 피곤할 거야.

프랑스어 요모조모 (3)

08

식당에서 손님이 사용하는 표현

Je peux voir le menu, s'il vous plaît ?
쥬 뻬 브와(ㅎ) 르 므뉴 씰 부 쁠레
메뉴 좀 보여주세요.

Je vais prendre ça.
쥬 베 프(ㅎ)엉드(ㅎ) 싸
이걸로 할게요.

Vous avez des plats du jour ?
부 자베 데 쁠라 뒤 쥬(ㅎ)
오늘의 요리 있나요?

Je suis allergique aux coquillages.
쥬 쒸 알레(ㅎ)쥐끄 오 꼬끼야쥬
저는 조개류에 알레르기가 있어요.

Je suis végétarien / végétarienne.
쥬 쒸 베제따(ㅎ)이앙 베제따(ㅎ)이엔느
저는 채식주의자예요.

식당에서 직원이 사용하는 표현

Vous voulez boire quelque chose ?
부 불레 브와(ㅎ) 껠끄 쇼즈
마실 것 주문하시겠어요?

Vous avez choisi ?
부 자베 슈와지
결정 하셨나요?

Ce sera tout ?
쓰 쓰(ㅎ)아 뚜
그게 다인가요?

Votre steak, vous le voulez comment ?
보트(ㅎ) 스떼끄 부 르 불레 꼬멍
스테이크를 어떻게 해 드릴까요?

단어 allergique 알레르기성의, 알레르기인 coquillage 조개 végétarien(végétarienne) 채식주의자 boire 마시다 choisir 고르다, 선택하다 tout 모두, 전부
votre 당신의, 너희의 steak 스테이크

09 연습 문제 (1)

1 안내에 알맞게 동사 être의 미래형을 적어 넣으세요.

① 저는 늦을 거예요.

Je _____ en retard.

② 그는 의사가 될 것이다.

Il _____ médecin.

③ 그녀는 곧 어머니가 될 것이다.

Elle _____ bientôt mère.

④ 우리는 내일 돌아올 것이다.

Nous _____ de retour demain.

⑤ 당신은 놀랄 것입니다.

Vous _____ étonné.

⑥ 그들은 휴가중일 것이다.

Ils _____ en vacances.

단어 être en retard 지각하다, ~에 늦다 bientôt 곧 mère 어머니 étonné 놀란 être en vacances 휴가중이다

10

10

연습 문제(2)

2 주어진 단어를 활용하여 문장을 완성하세요.

① 오늘 저녁, 테이블을 하나 예약하고 싶은데요.

Je voudrais _____ une table pour ce soir.

② 몇 분이시죠?

Vous serez _____ ?

③ 네 명이 될 거예요.

Ce sera pour quatre _____ .

④ 그럼, 오늘 밤 네 분이시네요.

Alors, quatre personnes _____ ce soir.

⑤ 이름은 무엇으로 해드릴까요?

C'est à _____ nom ?

⑥ 예약되셨습니다, 손님.

C'est _____, monsieur.

연습 문제 (3)

3 해석을 보고 주어진 단어를 알맞게 재배치해주세요.

❶ 오늘 저녁, 테이블을 하나 예약하고 싶은데요.

(voudrais, une, ce, je, table, pour, réserver, soir)

_____ .

❷ 몇 분이시죠?

(combien, serez, vous)

_____ ?

❸ 네 명이 될 거예요.

(pour, ce, sera, personnes, quatre)

_____ .

❹ 그럼, 오늘 밤 네 분이시네요.

(alors, personnes, pour, ce, quatre, soir)

_____ .

❺ 이름은 무엇으로 해드릴까요?

(c'est, nom, à, quel)

_____ ?

듣기

1 잘 듣고 빈칸에 알맞은 단어를 써넣으세요.

❶ Je [ ] réserver une table.

❷ Vous serez [ ] .

❸ Ce [ ] pour quatre personnes.

2 다음 문장을 잘 듣고, 틀린 글자를 동그라미 하고 바르게 고치세요.

보기   Sa r ut, Nicolas.   (l)

❶ Quatre personnes pour ce coir.   ( )

❷ C'est à kuel nom ?   ( )

❸ S'est noté, monsieur.   ( )

MP3 06-07

1 다음 단어를 3번씩 발음해보세요.

restaurant   réserver   combien   personnes   nom

2 다음 패턴으로 말해보세요.

A : Vous serez combien ?

B : Ce sera pour quatre personnes.

① dix

② onze

③ douze

④ treize

1 다음 문장을 따라 써보세요.

Je voudrais réserver une table pour ce soir.

Oui, vous serez combien ?

Ce sera pour quatre personnes.

Alors, quatre personnes pour ce soir.

C'est à quel nom ?

C'est noté, monsieur.

2 다음 문장을 프랑스어로 써보세요.

몇 분이시죠?

그럼 오늘 밤 네 분이시네요.

이름을 무엇으로 해드릴까요?

프랑스의 팁 문화

미국에서는 택시를 타든 레스토랑에 가든 팁을 주는 것이 당연한 일로 여겨집니다. 도리어 직원이 팁을 얼마며 화를 내는 경우도 있지요. 하지만 프랑스는 미국처럼 반드시 팁을 지불할 필요는 없습니다.

1987년부터 레스토랑, 바, 카페의 계산서에 15% 서비스료가 포함되어 별도로 팁을 주지 않아도 되가든요. 그리고 미국의 종업원들은 생계를 위해 팁에 의존하는 경향이 있지만, 프랑스 종업원들은 종업한 급여를 받아서 팁에 의존하지 않는다고 해요. 프랑스에서 웨이터는 정식 직업으로 여겨지기 때문에 요 팁을 받기 위한 파트타임 아르바이트 개념이 아닌 것이지요.

하지만 팁 문화가 있긴 합니다. 레스토랑이나 호텔에서 받은 서비스가 만족스러워서 고마움의 표시로 팁을 지불해도 됩니다. 이때는 되도록이면 원래 지불해야 할 금액의 10%를 넘지 않는 선에서 지불하는 게 좋습니다. 예를 들어 음식 값이 37유로였다면, 약 2~3유로를 더해서 40유로로 정도를 주면 됩니다. 주고 싶은 만큼 테이블에 잔돈을 남겨 놓아도 됩니다.

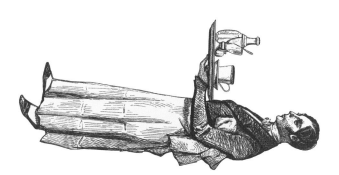

7

어디 가세요?
Vous allez où ?

- 의문사(욕하월직)
- 동사 prendre
- 중성대명사 y
- pour + 동사원형

1 인칭에 알맞게 être 동사의 미래형을 써 넣으세요.

① Vous _____ combien ?

② Ce _____ pour quatre personnes.

③ Nous _____ en retard.

④ Vous _____ toujours le bienvenu.

* 당신은 언제나 환영 받을 거예요.

2 스테이크의 굽기 정도를 나타내는 말을 보기에서 골라서 주문해보세요.

보기
bien cuit   à point   saignant   bleu

① 스테이크 매우 레어하게 해 주세요.

Je voudrais un steak _____, s'il vous plaît.

② 스테이크 레어로 주세요.

Je voudrais un steak _____, s'il vous plaît.

③ 스테이크 미디엄 레어로 주세요.

Je voudrais un steak _____, s'il vous plaît.

④ 스테이크 웰던으로 주세요.

Je voudrais un steak _____, s'il vous plaît.

단어

교통수단

train 기차

bus 버스

taxi 택시

métro 지하철

vélo 자전거

avion 비행기

TGV 떼제베(고속열차)

장소

boulangerie 빵집, 베이커리

parc 공원

hôpital 병원

pharmacie 약국

banque 은행

musée 박물관

librairie 서점

grand magasin 백화점

cinéma 영화관

단어 연습

1 다음 그림 힌트를 보고, 해당되는 장소를 골라 써보세요.

①

②

③

④

banque

boulangerie

musée

parc

pharmacie

grand magasin

cinéma

librairie

회화

Julie
Bonjour.

Chauffeur
Bonjour, vous allez où ?

Julie
Gare de Lyon, s'il vous plaît.

Ça prend combien de temps pour y aller ?

Chauffeur
Ben, ça dépend.

Julie
J'ai un train à 16h 30.

.....

Chauffeur
On est arrivés !

Julie
Déjà?

Chauffeur
Oui, ça fait 70 euros.

쥘리 　안녕하세요.

택시기사 　안녕하세요. 어디 가세요?

쥘리 　리옹역 가주세요.
거기 가려면 시간이 얼마나 걸리나요?

택시기사 　글쎄요, 그때그때 달라요.

쥘리 　오후 4시 반 기차가 있어서요.

...

택시기사 　도착했습니다!

쥘리 　벌써요?

택시기사 　네, 70유로입니다.

Julie　**Bonjour.**

Chauffeur　**Bonjour, vous allez où ?**

의문사를 표현한 의문문은 의문사+동사+주어 순으로 도치하여 "Où allez-vous?"라고 말하거나 est-ce que를 이용하여 "Où est-ce que vous allez?"와 같이 말할 수 있습니다. 3과에서 배웠죠!

Julie　**Gare de Lyon, s'il vous plaît.**

Ça prend combien de temps pour y aller ?

"s'il vous plaît, 는 영어의 "please, 와 같은 표현이에요. 뭔 가운데 대화할 수 있는 끝말 먼가를 주문하거나 요청할 때 끝말에 붙여주기만 하면 됩니다.

gare 역　temps 시간

중성대명사 y는 앞에 동작의 장소를 대신하고, 동사 앞에 위치합니다. pour 뒤에 동사 원형이 오면 영어의 to부정사와 같이 '~하기 위해'로 해석됩니다.

Chauffeur　**Ben, ça dépend.**

'상황에 따라 다르다'라는 표현으로, 회화에서 자주 사용하니까 꼭 알아두세요.

dépendre 달려 있다

Julie　**J'ai un train à 16h 30.**

프랑스어에서는 시간을 말할 때 24시간제를 많이 씁니다. 시간을 숫자 뒤에 h로 표기하는데, heures라고 읽습니다.

Chauffeur　**On est arrivés !**

동사 être나 avoir 뒤에 과거분사를 결합한 '복합과거' 시제입니다. être를 사용할지, avoir를 사용할지는 뒤에 붙는 문사에 따라 달라집니다. 좀 더 나중에 배워봅시다.

Julie　**Déjà ?**

déjà 이미

대자부(déjà~vu)가 프랑스어라는 것 알고 계셨나요? 영어 (이미, 벌써)를 뜻하는 'already' 영어의 vu은 함성 아입니다. 직역하면 '이미 본인'이라는 뜻으로, 처음 가본 장소이거나 불건이지만 이미 봤던 느낌이 드는 현상을 말합니다.

Chauffeur　**Oui, ça fait 70 euros.**

동사원형은 faire로 영어 do나 make의 뜻이에요. do와 make의 쓰임이 다양하듯이 faire도 다양하게 쓰이는데요. 그중 하나가 가격을 말할 때입니다. "Ça fait combien?(얼마예요?)"라는 표현도 있습니다.

06

90

프랑스어 의문조모 (1)

의문사 (육하원칙)

앞에서 배웠던 의문사들을 포함해서 육하원칙을 총정리하는 시간입니다. 육하원칙 순서대로 읽어볼게요

qui who 누구

Qui est ce garçon ? 저 소년은 누구예요?

quand when 언제

On part quand ? 우리 언제 출발해?

où where 어디

Tu habites où ? 너는 어디 살아?

quoi / que• what 무엇

Tu fais quoi ? / Que fais-tu ? 너 뭐 하니?

comment how 어떻게

Comment tu t'appelles ? 너 이름이 뭐니(어떻게 되니)?

pourquoi why 왜

Pourquoi tu pleures ? 너 왜 우니?

티끌 que는 맨 문장 맨앞에서만 쓸수 있어요!

단어 pleurer 울다

동사 prendre `불규칙동사`

불규칙동사는 통째로 외워야 한다는 생각에 너무 어렵고 낯설하겠지만, 자주 쓰인 만큼 불규칙동사로
군어진 거라고 생각하면 마음이 가벼워져요. 억지로 외우지 않아도 워낙 많이 쓰여 익숙해지는 가죠. 곧
부하다 보면 불규칙동사에도 어느 정도의 규칙성이 보여서 좀 더 쉽게 외워질 거예요.

불규칙동사를 외우는 꿀팁

1 대부분의 1인칭 / 2인칭 단수 동사는 s로 끝납니다.

2 대부분의 3인칭 단수 동사는 d 또는 t로 끝납니다.

3 대부분의 1인칭 복수 동사는 -ons로 끝납니다.

4 대부분의 2인칭 복수 동사는 -ez로 끝납니다.

5 대부분의 3인칭 복수 동사는 -ent로 끝나며, 마지막 -ent는 발음하지 않습니다.

이번에 배울 동사는 prendre로, 영어 'take'의 뜻도 같고 쓰임새도 거의 같습니다.

prendre (시간이) 걸리다, 잡다

인칭	단수	복수
1인칭	je prends	nous prenons
2인칭	tu prends	vous prenez
3인칭	il prend	ils prennent
	elle prend	elles prennent

프랑스어 입모양 (3)

pour + 동사원형

pour+동사원형은 영어의 to+동사원형 구조와 매우 유사합니다. '~하기 위해 또는 '~하기 위한'이라는 뜻으로 쓰여요. 간단한 예문을 통해서 배워볼까요?

On prend un taxi pour aller à la gare.

우리는 역으로 가기 위해 택시를 탑니다.

앞에서 배운 동사 prendre가 여기서는 '타다'라는 의미로 쓰였습니다. 영어의 take처럼 prendre에는 다양한 뜻이 있어요.

Pour partir en vacances, nous réservons un hôtel.

휴가를 가기 위해 우리는 호텔을 예약합니다.

문장 맨처음에 오는 경우도 있습니다. 이때는 반드시 주어 앞에 (쉼표를 찍어주세요)

중성대명사 y

중성대명사 y는 앞에서 등장한 장소를 대체해서 씁니다. 반드시 동사 앞에 위치해요.

J'arrive au bureau. → J'y arrive.

나는 사무실에 도착한다.　나는 그곳에 도착한다.

Je vais au restaurant. → J'y vais.

나는 레스토랑에 간다.　나는 그곳에 간다.

연습 문제 (1)

1 문장의 뜻을 보고 알맞은 의문사를 넣어보세요.

① _____ est ce garçon ? 저 소년은 누구예요?

② On part _____ ? 우리 언제 출발해?

③ Tu habites _____ ? 너는 어디 살아?

④ _____ fais-tu ? 너 뭐 하니?

⑤ _____ tu t'appelles ? 너 이름이 뭐니(어떻게 되니)?

⑥ _____ tu pleures ? 너 왜 우니?

2 중성대명사 y를 대체해서 문장을 써보세요.

① J'arrive au bureau. 나는 사무실에 도착한다.

→ _____ ? 나는 그곳에 도착한다.

② Je vais au restaurant. 나는 레스토랑에 간다.

→ _____ ? 나는 그곳에 간다.

연습 문제 (2)

3 인칭에 맞추어 동사 prendre의 알맞은 형태를 써보세요.

① 나는 지하철을 자주 이용한다.

Je _____ souvent le métro.

② 너가 자리를 온통 차지하고 있어.

Tu _____ toute la place.

③ 빵 하나 드시겠어요?

Vous _____ un pain ?

④ 우리는 기차를 탄다.

Nous _____ le train.

⑤ 30분이 걸린다.

Ça _____ trente minutes.

ça는 3인칭 단수인 il/elle과 동일하게 취급합니다.

souvent 자주　toute 전부　place 장소, 자리　pain 빵　minute 분

연습 문제 (3)

4 인칭에 맞추어 동사 avoir의 알맞은 형태를 써보세요.

① 나에게 좋은 계획이 한가지 있다.

　　J' _____ un bon plan.

② 네 말이 맞아.

　　Tu _____ raison.　• avoir raison 옳다, 맞다

③ 당신이 틀렸어요.

　　Vous _____ tort.　• avoir tort 틀리다

④ 우리는 아직 시간이 있다.

　　Nous _____ encore du temps.

⑤ 그들은 딸이 셋 있다.

　　Ils _____ trois filles.

TIP
동사 부록표를 참고해서 적어보세요!

듣기

12

1 잘 듣고 빈칸에 알맞은 단어를 써넣으세요.

① Bonjour, vous [ ] où ?

② [ ] de Lyon, s'il vous plaît.

③ Ça [ ].

2 다음 문장을 잘 듣고, 틀린 글자를 동그라미 하고 바르게 고치세요.

> 보기 S(a)lut, Nicolas. (l)

① Ça prend kombien de temps pour y aller ? ( )

② J'ai um train à 16h 30. ( )

③ Gare de Lyon, c'il vous plaît. ( )

1 다음 단어를 3번씩 발음해보세요.

| train | bus | taxi | vélo | avion |

2 다음 패턴으로 말해보세요.

J'ai un train à 16h 30.

❶ 12h 30

❷ 9h 20

❸ 11h 15

❹ 18h

1 다음 문장을 따라 써보세요.

Vous allez où ?

✎

Gare de Lyon, s'il vous plaît.

✎

Ça prend combien de temps pour y aller ?

✎

Ben, ça dépend.

✎

On est arrivés !

✎

Déjà?

✎

2 다음 문장을 프랑스어로 써보세요.

당신이 틀렸어요.

✎

빵 하나 드시겠어요?

✎

30분이 걸린다.

✎

파리의 교통수단

Métro 지하철

지하철은 파리를 여행할 때 가장 저렴하고 빠른 교통수단입니다. 현재 총 16개의 노선이 있고 역 개수는 약 300여 개나 됩니다. 대략 오전 6시에 첫차가 다니고 밤 12시 45분쯤에 막차가 출발합니다. 365일 운행하지만 파일이 첫 포인트 실시간으로 운행 정보를 확인하시는 게 좋아요.

RER 광역급행철도

RER은 총 5개의 노선으로 이루어져 있어요. 파리와 파리 근교의 일드프랑스(Ile-de-France)를 다닙니다. RER 열차 역시 오전 6시에 첫차가, 밤 12시 45분쯤에 막차가 다닙니다.

Tramway 트램

파리에 트램 노선은 T1부터 T13까지 총 13개가 있습니다. 각각 T1, T2, ···, T13라고 부릅니다. 다른 교통수단에 비해 느린 속도로 파리 시내를 둘기 때문에, 파리의 정경을 천천히 감상하기에 정말 좋은 교통수단이에요.

Bus 버스

파리에는 버스 노선이 정말 많은데요. 버스 대부분이 파리 중심을 통과하며 세느강별로 따라 운행합니다. 한국처럼 정류장에서 전자 디스플레이를 통해 배차시간을 확인할 수 있습니다. 게다가 USB로 휴대전화를 충전할 수도 있습니다.

Noctilien 심야버스

파리에서 부득이하게 심야에 이동해야 할 일이 있다면 심야버스를 이용할 수 있습니다. 심야버스는 대략 밤 12시 30분에서 5시 30분 사이에 운행합니다.

8

오늘 뭐 했어?
Qu'est-ce que tu as fait aujourd'hui ?

과거분사

복합과거 (avoir 결합)

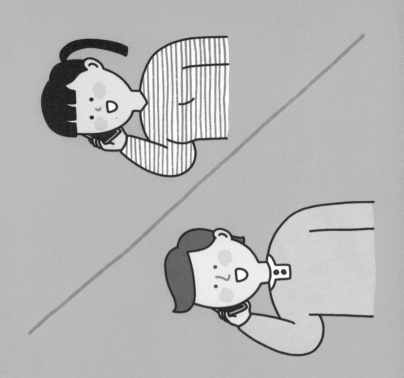

지난 과 복습

1 인칭에 알맞은 동사 prendre 형태를 각각 적어보세요.

❶ je

❷ tu

❸ il

❹ nous

❺ ils

2 인칭에 알맞은 동사 avoir 형태를 각각 적어보세요.

❶ j'

❷ tu

❸ il

❹ nous

❺ vous

❻ ils

단어

국적

국적을 나타내는 단어는 명사로 사용될 때는 대문자로, 형용사로 사용될 때는 소문자로 시작합니다.

나라 이름		남성	여성
이탈리아	l'Italie	Italien	Italienne
중국	la Chine	Chinois	Chinoise
미국	les États-Unis	Américain	Américaine
일본	le Japon	Japonais	Japonaise
프랑스	la France	Français	Française
독일	l'Allemagne	Allemand	Allemande
태국	la Thaïlande	Thaïlandais	Thaïlandaise
호주	l'Australie	Australien	Australienne

남성과 여성 동일한 단어를 쓰는 경우도 있어요!

나라 이름		남성 / 여성
러시아	la Russie	Russe

1 다음 단어를 보고, 맞는 국적의 국기를 이어보세요.

Américaine ●

Chinoise ●

Italienne ●

Allemand ●

Français ●

Japonais ●

●

●

●

●

●

회화

Nicolas Tu as passé une bonne journée ?

Julie Oui, très bonne.

Nicolas Alors, qu'est-ce que tu as fait aujourd'hui ?

Julie Ce matin, j'ai eu un cours de conversation.

Nicolas Tu as rencontré des gens ?

Julie Oui, j'ai parlé avec des Italiens, des Chinois et une Américaine.

Nicolas Vous parlez en français ?

Julie Oui, nous ne parlons pas anglais.

Nicolas Bravo !

니꼴라 오늘 즐겁게 보냈어?

쥴리 응, 아주 잘.

니꼴라 그래, 오늘 뭐 했어?

쥴리 오늘 아침에 회화 수업이 있었어.

니꼴라 사람들을 만났니?

쥴리 응. 이탈리아인, 중국인, 그리고 미국인 한 명과 이야기를 나누었어.

니꼴라 너희들 프랑스어로 말해?

쥴리 응. 우리는 영어를 쓰지 않아.

니꼴라 대단하다!

Nicolas Tu as passé une bonne journée ?

동사 avoir의 2인칭 단수형과 동사 passer의 과거분사형인 passé가 결합하여 만들어진 복합과거형 문장입니다.

Julie Oui, très bonne.

Nicolas Alors, qu'est-ce que tu as fait aujourd'hui ?

Julie Ce matin, j'ai eu un cours de conversation.

이 문장도 복합과거형이 들어가 있습니다. eu는 avoir의 과거분사로 불규칙한 형태이니 암기해야 합니다.

matin 아침 cours 강좌, 수업

Nicolas Tu as rencontré des gens ?

일반적인 사람들을 의미하는 말로 gens를 많이 씁니다. 다만 표현으로는 personnes'이 있습니다.

rencontrer 만나다 gens 사람들

Julie Oui, j'ai parlé avec des Italiens, des Chinois et une Américaine.

미국인 남자일 경우 un Américain이라고 해야 합니다. 성별 일치 계속 기억하고 계시죠?

parler 말하다 avec ~와

Nicolas Vous parlez en français ?

français 프랑스어

Julie Oui, nous ne parlons pas anglais.

부정문을 만들 때는 ne와 pas 사이에 동사를 넣는다! 잊지 마세요!

anglais 영어

Nicolas Bravo !

우리도 종종 사용하는 bravo는 축하나 칭찬할 때 쓰는 표현입니다. 축하 메세지를 전할 때는 "félicitations," (축하합니다)라는 표현도 써요.

bravo 좋다! 잘한다! (칭찬할 때)

90

프랑스어 문모조모(1)

과거분사

과거분사는 participe passé라고 합니다. 동사 être와 함께 쓰여, 수동태를 만들거나 뒤에서 배울 복합 과거형을 만들 때 사용됩니다.

1 1군 동사(-er로 끝나는 동사): -er를 없애고 é로 바꿔요.

manger	→	mangé	parler	→	parlé
먹다		먹었다	말하다		말했다

2 2군 동사(-ir로 끝나는 동사): -r만 없애고 -i는 그대로 두어요.

finir	→	fini	choisir	→	choisi
끝내다		끝냈다	고르다		골랐다

-ir로 끝나지만 불규칙 변형을 하는 동사도 있습니다.

courir	→	couru	offrir	→	offert
달리다		달렸다	주다		주었다

3 불규칙동사 과거분사는 따로 외워야 합니다. 다음 페이지에서 좀 더 자세히 설명할게요!

불규칙동사의 과거분사

과거분사가 다 규칙적으로 바뀌면 좋을 텐데, 이렇게도 불규칙하게 바뀌는 동사들이 있어요. 그래도 철자나 발음이 어렵지 않으니 하나씩 차근차근 외워봅시다. 당장 다 외우지 않아도 괜찮아요. 이해하기 쉽도록 영어의 대응 분사를 함께 표기했습니다.

가지다(had)	avoir	→	eu
보다(seen)	voir	→	vu
읽다(read)	lire	→	lu
원하다(wanted)	vouloir	→	voulu
받다(received)	recevoir	→	reçu
놓다(put)	mettre	→	mis
찍다(taken)	prendre	→	pris
쓰다(written)	écrire	→	écrit
~이다(been)	être	→	été
하다, 만들다(made, done)	faire	→	fait

J'ai lu beaucoup de livres.　나는 많은 책을 읽었다.

Il a vu ce film.　그는 그 영화를 봤다.

Nous avons pris beaucoup de photos.　우리는 많은 사진을 찍었다.

08

프랑스어 요모조모 (3)

복합과거 (avoir 결합)

동사 avoir + 과거분사

자주 쓰이지만 정말정말 어려우니 잠깐만 바짝 집중해봅시다!

복합과거는 과거의 어떤 행동이나 사건이 완료되었을 때 사용합니다. 일반적으로는 avoir+과거분사 형태로 이루어져요. 복합과거형을 사용하기 위해서는 과거분사를 올바르게 아는 것이 중요해요. 여기서의 avoir는 우리가 앞에서 배운 '가지다'가 아닌, 복합과거를 만드는 조동사로 사용되었어요.

복합과거형으로 문장을 만들 때, 동사 avoir는 인칭과 수에 맞게 바뀝니다.

j'ai 나는	
nous avons 우리는	
tu as 너는	mangé 먹었다
vous avez 당신은/당신들은/너희는	+
il/elle a 그는/그녀는	
ils/elles ont 그들은/그녀들은	

복합과거형을 만들 때 동사 avoir 대신 être로 만들어야 하는 동사가 17개 있어요. 이건 다음 과에서 10개만 공부해요!

MP3 08-06

복합과거 부정문

인칭 + ne + 동사 avoir + pas + 과거분사

복합과거 부정문을 만들때는 조동사인 avoir 앞과 뒤에 ne ~ pas를 붙입니다. 이때 ne와 avoir가 만나면 élision(엘리지옹) 현상으로 ne의 모음 e가 생략됩니다.

Je n'ai pas mangé de sucre. 　나는 설탕을 먹지 않았다.

Tu n'as pas changé. 　나는 변하지 않았다.

Nous n'avons pas reçu les documents. 　우리는 문서를 받지 못했다.

복합과거 의문문

복합과거 의문문을 만드는 방법은 3가지가 있습니다. 3과에서 배웠던 의문문 만들기와 비슷해요! 일반적으로 구어에서는 1번째 방법을 가장 많이 쓰는 경향이 있습니다.

1 평서문 끝의 억양만 올리는 방법
Tu as passé une bonne journée ?

2 Est-ce que를 평서문에 붙이는 방법
Est-ce que tu as passé une bonne journée ?

3 조동사와 주어를 도치하는 방법
As-tu passé une bonne journée ?

단어
sucre 설탕　document 문서

연습 문제 (1)

1 빈칸에 동사의 알맞은 과거분사 형태를 적어보세요.

① parler (말하다) 1군 동사

Il a ＿＿＿＿＿ en anglais.　그는 영어로 말했다.

② manger (먹다) 1군 동사

Nous avons ＿＿＿＿＿ ensemble.　우리들은 함께 식사했다.

③ lire (읽다) 불규칙동사

J'ai ＿＿＿＿＿ ce livre.　나는 그 책을 읽었다.

④ faire (하다) 불규칙동사

J'ai ＿＿＿＿＿ trop de sport.　나는 운동을 너무 많이 했다.

⑤ recevoir (받다) 불규칙동사

Il a ＿＿＿＿＿ une lettre.　그는 편지 한통을 받았다.

⑥ offrir (주다) 불규칙동사

Il m'a ＿＿＿＿＿ un cadeau.　그는 나에게 선물을 건네줬다.

단어　ensemble 함께　trop 너무, 지나치게　sport 운동　lettre 편지　cadeau 선물

2 아래 평서문을 부정문으로 바꾸어 써보세요.

① Il a parlé en anglais.

→ _____.

② Nous avons mangé ensemble.

→ _____.

③ J'ai lu ce livre.

→ _____.

3 아래 평서문을 2가지 의문문으로 바꾸어 써보세요.

① Vous avez parlé en anglais.

_____ ?

_____ ?

② Tu as lu ce livre.

_____ ?

_____ ?

듣기

1 잘 듣고 빈칸에 알맞은 단어를 써넣으세요.

1. Tu as [ ] une bonne journée ?

2. Tu as rencontré des [ ] ?

3. Vous [ ] parlé en français ?

2 다음 문장을 잘 듣고, 틀린 글자를 동그라미 하고 바르게 고치세요.

보기 S(a)lut, Nicolas.   (-)

1. Tu as passe une bonne journée ?   ( )

2. J'ai u un cours de conversation.   ( )

3. Tu at rencontré des gens ?   ( )

MP3 08-08

1 다음 단어를 3번씩 발음해보세요.

Chinoise　　Française　　Allemand　　Russe　　Américain

2 다음 패턴으로 말해보세요.

> A : Vous parlez en français ?
>
> B : Oui, nous ne parlons pas anglais.

❶ russe

❷ japonais

❸ coréen

❹ chinois

쓰기

1 다음 문장을 따라 써보세요.

Tu as passé une bonne journée ?

Oui, très bonne.

Alors, qu'est-ce que tu as fait aujourd'hui ?

Vous avez parlé en français ?

Nous n'avons pas utilisé l'anglais.

Bravo !

2 다음 문장을 프랑스어로 써보세요.

나는 그 책을 읽었다.

우리는 함께 식사했다.

그는 영어로 말했다.

비즈(bises)

프랑스인은 친구나 지인을 만날 때 양쪽 볼에 뽀뽀하는 방식으로 인사를 나누는데요, 이를 비즈(bises)라고 합니다.

미국인이 '포옹(hugging)'으로 인사를 나누는 것과 비슷하다고 볼 수 있어요, 하지만 프랑스에서는 오히려 '포옹'이 너무 친밀한 스킨십으로 간주되어 상대에게 불편한 느낌을 줄 수 있으므로 조심해야 해요, 포옹은 아주 가까운 친구 사이에서나 할 수 있습니다.

프랑스인에게 bises는 상대방에 대한 예의와 호감을 나타내는 중요한 문화입니다. 로마시대의 문화가 지금까지 전해진 것이라는 설이 있어요.

휴대전화로 문자 메시지에도 'bises' 또는 'bisous'라고 보낼 수 있고, 헤어질 때 인사로 "bises" 또는 "bisous"라고 말하기도 해요.

재미있게도 bises를 할 때 볼에 뽀뽀하는 횟수는 지역마다 차이가 있어요. 양쪽 볼에 한 번씩 하는 것이 보통이지만, 오른쪽, 왼쪽, 오른쪽 3번을 하는 곳도 있습니다.

남부와 북부 지역은 각각 시작 방향이 달라서 맞뽀뽀를 하게 되는 해프닝이 생기기도 해요!

9

쇼핑하러 갔던 거야?
Tu es allée faire du shopping ?

복습과거 (être 결합)

질문에 답하기 YES or NO

1 다음 동사원형을 보고 과거분사를 써보세요.

❶ manger

❷ finir

❸ courir

❹ parler

❺ choisir

❻ offrir

2 아래 불규칙동사에 알맞은 과거분사를 서로 연결해주세요.

avoir ●   ● voulu

voir ●   ● eu

lire ●   ● lu

vouloir ●   ● vu

recevoir ●   ● reçu

être ●   ● fait

faire ●   ● été

prendre ●   ● pris

단어

02

쇼핑

magasin 가게

panier 장바구니

réduction 할인

client 고객(남성)

produit 제품

carte 카드

prix 가격

caisse 계산대

achat 구매

cliente 고객(여성)

marque 브랜드

paiement 결제

의류

pantalon 바지

chaussettes 양말

baskets 운동화

chemise 셔츠

taille 사이즈

t-shirt 티셔츠

jupe 치마

cravate 넥타이

lunettes 안경

couleur 색상

단어 연습

1 다음 그림을 보고 알맞은 단어를 보기에서 골라 써보세요.

보기

pantalon	t-shirt	chaussettes
jupe	baskets	cravate
chemise	lunettes	

① _____

② _____

③ _____

④ _____

⑤ _____

회화

Nicolas	Julie, tu es allée faire du shopping avec Amanda ?
Julie	Oui, on a acheté plein de choses.
Nicolas	Vous n'êtes pas allées en cours aujourd'hui ?
Julie	Si, le matin seulement.
	Ensuite, on a pris le bus jusqu'au Printemps.
Nicolas	Bon, alors, qu'est-ce que tu as acheté ?
Julie	J'ai pris ces chaussures. 30 euros.
Nicolas	C'est une bonne affaire! N'est-ce pas ?
Julie	Oui !

니꼴라	쥴리, 아만다랑 쇼핑하러 갔던 거야?
쥴리	응. 우리 많은 것을 샀지.
니꼴라	너희 오늘 수업에는 가지 않았던 거야?
쥴리	아니, 아침에만 갔어.
	그리고 나서 우리는 쁘렝땅까지 버스를 탔어.
니꼴라	음. 그래서, 너 뭘 샀어?
쥴리	이 신발을 샀어. 30유로야.
니꼴라	잘 샀다! 그치?
쥴리	응.

Nicolas Julie, tu es allée faire du shopping avec Amanda ?	동사 être의 2인칭 현재형과 aller의 과거분사형인 allé 가 결합하여 만들어진 복합과거형 문장입니다. 주어가 여성이라 과거분사형 끝에 'e'가 붙었어요. shopping 쇼핑
Julie Oui, on a acheté plein de choses.	plein de 많은
Nicolas Vous n'êtes pas allées en cours aujourd'hui ?	주어의 대상이 모두 여성이고 복수이므로 과거분사형 e와 s를 붙입니다. 만약 vous가 단수이면 '당신'이라는 2인칭 존칭으로 쓰였다면 s를 붙이지 않습니다.
Julie Si, le matin seulement. Ensuite, on a pris le bus jusqu'au Printemps.	si는 부정형 질문에 긍정으로 대답할 때 사용합니다. 대답이 부정문일 때에는 반드시 "Non"으로 먼저 대답합니다. jusqu'au는 jusque à(~까지) + le(정관사)가 합쳐진 표현입니다. seulement 오직, 단지 ensuite 그리고 나서, 다음에
Nicolas Bon, alors, qu'est-ce que tu as acheté ?	
Julie J'ai pris ces chaussures. 30 euros.	지시형용사는 뒤에 오는 명사의 성수에 따라 ce, cette, ces로 쓰입니다. 1. ce livre (ce + 남성 단수명사) 2. cette chemise (cette + 여성 단수명사) 3. ces livres (ces + 남성 복수명사) 4. ces chaussures (ces + 여성 복수명사)
Nicolas C'est une bonne affaire ! N'est-ce pas ?	명사문의 맨 끝에 붙어서 상대방의 동의나 확인을 요구할 때 쓰입니다. 영어의 부가의문문은 동사에 따라 형태가 변하지만, 프랑스어의 n'est-ce pas는 긍정 형태로 쓰입니다. 영어의 부가의문문과 동일한 역할을 합니다. affaire 구입, 일
Julie Oui !	

프랑스어 요모조모 (1)

복합과거 (être 결합)

동사 être + 과거분사

과거의 어떤 행동이나 사건이 완료되었을 때 사용하는 복합과거는 앞서 배운 것처럼 'avoir+과거분사' 형태가 기본이지만, 반드시 동사 être를 사용해야 하는 동사들이 있습니다. 이 동사들은 대부분 '이동'과 관련이 있어요. 지금은 대부분 10개만 외워보세요.

가다	aller	→	allé
오다	venir	→	venu
도착하다	arriver	→	arrivé
되다	devenir	→	devenu
나가다	sortir	→	sorti
내려가다	descendre	→	descendu
들어가다	entrer	→	entré
돌아오다	rentrer	→	rentré
떠나다	partir	→	parti
지나가다	passer	→	passé

Il est sorti. 그는 나갔다.

Nous sommes arrivés à Paris. 우리는 파리에 도착했다.

Elle est devenue professeure. 그녀는 선생님이 되었다.

Ils sont entrés dans la classe. 그들은 교실 안으로 들어왔다.

단어 dans ~의 안에, ~의 속에 classe 교실

과거분사의 성과 수 일치

동사 être를 사용하여 복합과거를 만들 때에는 반드시 과거분사를 주어의 성과 수에 일치시켜야 합니다.

주어가 남성명사 / 대명사	주어가 여성명사 / 대명사
je suis allé	je suis allée
tu es allé	tu es allée
il est allé	elle est allée
nous somme allées	nous somme allées
vous êtes allé(s)	vous êtes allée(s)
ils sont allés	elles sont allées

부정형 만들 때는 주어+ne+동사 être+pas+과거분사가 됩니다.

주어가 남성명사 / 대명사	주어가 여성명사 / 대명사
je ne suis pas allé	je ne suis pas allée
tu n'es pas allé	tu n'es pas allée
il n'est pas allé	elle n'est pas allée
nous ne somme pas allés	nous ne somme pas allées
vous n'êtes pas allé(s)	vous n'êtes pas allée(s)
ils ne sont pas allés	elles ne sont pas allées

프랑스어 왕초보모 (3)

08

질문에 답하기 YES or NO

긍정형 질문에	→	긍정으로 답할 때 **Oui** / 부정으로 답할 때 **Non**
부정형 질문에	→	긍정으로 답할 때 **Si** / 부정으로 답할 때 **Non**

우리말과는 해석이 반대로 되는 것에 주의하세요!

A : Vous n'êtes pas content ? 당신은 만족하지 않나요?

B : Si, je suis content. 아니요, 만족합니다.

　　Non, je ne suis pas content. 그렇습니다, 만족하지 않습니다.

A : Tu n'as pas de monnaie ? 잔돈 없지?

B : Si. 아니. (있어.)

꼭 의문문이 아니어도 상대방이 부정형으로 말한 것을 부정할 때 "si"를 쓸 수 있습니다.

A : Ce n'est pas important. 그건 중요하지 않아.

B : Si, c'est important ! 아니야, 그건 중요해.

A : Il n'est pas gentil. 그는 친절하지 않아.

B : Si, il est gentil. 아니야, 그는 친절해.

content 만족한 monnaie 잔돈 important 중요한

> **우리 nous? on?**

프랑스어에서 on과 nous는 모두 '우리(we)'를 뜻하는데요,
사용 상황과 문맥에 따라 둘 중 어떤 것을 사용할지 결정하게 됩니다.

Nous

nous는 주로 공식적인 상황이나 글쓰기, 발표 등에서 사용합니다. 항상 '우리'로 변역합니다.

Nous mangeons.   우리는 먹는다.

Nous allons au parc.   우리는 공원에 간다.

On

on은 일반적인 대화에서 더 자주 사용되며, 좀 더 구어적인 표현이에요. 때로는 '사람들은 보통
~한다'라는 뜻으로 쓰이기도 합니다. 동사 변형은 인칭대명사 il/elle처럼 3인칭 단수와 같다는 것 잊지
마세요!

On parle français ici.   여기서는 사람들이 프랑스어를 말한다.

10

연습 문제 (1)

1 동사 avoir 또는 être를 활용하여 복합과거형 문장을 완성하세요.

> **보기** Il a parlé en anglais. 그는 영어로 말했다.

① Elle _____ son numéro de téléphone à Nicolas.

그녀는 니꼴라에게 그녀의 전화번호를 주었어요.

② Il _____ un ordinateur.

그는 컴퓨터를 한 대 샀어요.

③ Je _____ la télé hier.

저는 어제 TV를 보지 않았어요.

④ Est-ce que ton grand frère _____ à l'étranger ?

너의 오빠는 외국에 갔니?

⑤ Ils _____ à six heures.

그들은 6시에 떠났습니다.

⑥ Elles _____ avec nous.

그녀들은 우리와 함께 왔어요.

⑦ Mes cousines _____ hier.

내 사촌들(모두 여자)은 어제 도착했다.

단어 numéro 번호 téléphone 전화 ordinateur 컴퓨터 télé TV, 텔레비전 étranger 외국 cousine 여자 사촌

연습 문제 (2)

2 복합과거를 만들 때 알맞은 조동사를 골라보세요.

1. On (a / est) pris le bus.

2. Tu (as / es) allé faire du shopping?

3. On (a / est) acheté plein de choses.

4. Il (a / est) sorti.

5. Nous (avons / sommes) arrivés à Paris.

3 보기에서 알맞은 동사를 골라 빈칸에 복합과거 형태로 써보세요.

(이동과 관련된 동사이니까 être를 사용하여 만들어요!)

보기

aller venir arriver devenir descendre entrer rentrer

1. Il _____ à l'école. 그는 학교에 갔다.

2. Elle _____ chez moi. 그녀는 내 집에 왔다.

3. Nous _____ tard. 우리는 늦게 도착했다.

4. Tu _____ professeur? 너 선생님이 되었니?

5. Je _____ dans la chambre. 나는 방에 들어왔다.

듣기

1 잘 듣고 빈칸에 알맞은 단어를 써넣으세요.

① On a [   ] plein de choses.

② Le [   ] seulement.

③ J'ai [   ] ces chaussures.

2 다음 문장을 잘 듣고, 틀린 글자를 동그라미 하고 바르게 고치세요.

보기 S(o)r(i)t, Nicolas. (|)

① Tu et allée faire du shopping avec Amanda. (   )

② Vous n'êtes pas allées en coors aujourd'hui ? (   )

③ J'ai prit ces chaussures. (   )

MP3 09-08

1 다음 단어를 3번씩 발음해보세요.

> plein   en cours   ensuite   seulement   chaussures

2 다음 패턴으로 말해보세요.

> **A :** Qu'est-ce que tu as acheté ?
>
> **B :** J'ai pris ces chaussures.

① le pantalon

② la jupe

③ la chemise

④ le t-shirt

쓰기

1 다음 문장을 따라 써보세요.

Tu es allée faire du shopping avec Amanda ?

Si, le matin seulement.

Bon, alors, qu'est-ce que tu as acheté ?

J'ai pris ces chaussures.

C'est une bonne affaire !

N'est-ce pas ?

2 다음 문장을 프랑스어로 써보세요.

그녀들은 우리와 함께 왔어요.

저는 어제 TV를 보지 않았어요.

그들은 6시에 떠났습니다.

프랑스인의 휴일

프랑스에는 주로 역사적인 사건을 기념하거나 종교적인 행사를 축하하기 위한 공휴일이 많아요, 특히 프랑스인은 식사하며 모임 즐기는 것을 좋아하기 때문에 종종 가족, 친구와 함께 맛있는 식사를 하며 시간을 보냅니다. 몇 가지 주요한 프랑스 공휴일을 살펴볼까요?

1월 1일	신년	Jour de l'an
보통 4월중	부활절 월요일	Lundi de Pâques
5월 1일	노동절	Fête du Travail
5월 8일	2차 세계대전 종전기념일	Victoire 1945
부활절로부터 40일째 되는 날	예수승천일	Ascension
부활절로부터 50일째 되는 날	성신강림절 축일	Pentecôte
7월 14일	혁명기념일	Fête nationale
8월 15일	성모승천일	Assomption
11월 1일	만성절	Toussaint
11월 11일	1차 세계대전 휴전기념일	Armistice 1918
12월 25일	크리스마스	Noël

프랑스에서 부활절은 크리스마스 다음으로 큰 명절이에요. 이때는 상점마다 달걀과 초콜릿을 판매합니다. 부활절 날짜는 매년 바뀌지만, 부활절은 항상 일요일이고 그다음 날인 월요일이 법정 공휴일로 지정됩니다. 이 시기에 학교 대부분이 2주간 봄방학을 실시합니다.

혁명 기념일인 7월 14일은 절대왕정의 종말과 민족의 화해를 상징하는 가장 중요한 국경일 중 하나입니다. 이 기간에는 샹젤리제 거리에서 퍼레이드가 열리고, 코트다쥐르(Côte d'Azur)에서는 화려한 불꽃놀이 행사가 있어요.

공휴일에는 대부분의 행정기관과 은행, 상점들이 문을 닫으니 여행하실 때 꼭 참고하세요!

10

커피를 마실래.

Je vais prendre un café.

근접미래

중성대명사 en

숫자 31~70

지난과 복습

1. 괄호 안에서 알맞은 복합과거 조동사를 골라보세요.

① Je (**suis** / **J'ai**) eu un cours de grammaire.
나는 문법 수업을 했어.

② Tu (**es** / **as**) passé une bonne journée ?
너는 좋은 주말을 보냈니?

③ Il (**a** / **est**) sorti.
그는 나갔다.

④ Tu (**as** / **es**) venu spécialement pour me voir ?
너는 특별히 나를 보러 왔니?

⑤ Il (**a** / **est**) parlé en anglais.
그는 영어로 말했다.

⑥ Nous (**sommes** / **avons**) mangé ensemble.
우리는 함께 먹었다.

⑦ Vous (**êtes** / **avez**) allées faire du shopping ?
당신은 쇼핑을 하러 갔나요?

단어

빵 종류

sandwich	샌드위치
croissant	크로아상
cannelé	까늘레
chouquette	슈케트
croque monsieur	크로크 무슈
toast	토스트
baguette	바게트
brioche	브리오슈
pain au chocolat	빵오쇼콜라 (초콜릿빵)

빵과 함께하는 것들

beurre	버터
œuf sur le plat	계란후라이
bacon	베이컨
fromage	치즈
oignon	양파
œuf	계란
œuf brouillé	에그스크램블
jus d'orange	오렌지 주스
laitue	양상추
olive	올리브

1 다음 그림의 단어를 프랑스어로 적어보세요.

①

②

③

2 다음 그림의 단어를 프랑스어로 적어보세요.

①

②

③

회화

Nicolas Que vas-tu prendre pour le petit déjeuner ?

Julie Je vais prendre un café avec un sandwich.

Nicolas Est-ce que tu veux des toasts avec du beurre ?

Julie Non, je voudrais des œufs, s'il te plaît.

Nicolas Des œufs brouillés, ça va ?

Julie Non, si ça ne te dérange pas,

je vais prendre plutôt des œufs sur le plat.

Nicolas J'ai acheté des croissants à la boulangerie.

Est-ce que tu en veux ?

Julie Oui. Avec plaisir !

니꼴라 아침으로 뭐 먹을거야?

쥴리 나 샌드위치랑 같이 커피 마시려고.

니꼴라 버터와 함께 토스트 먹을래?

쥴리 아니, 미안하지만 계란을 좀 먹고 싶은데.

니꼴라 스크램블, 그가면 될까?

쥴리 아니, 괜찮다면, 나는 계란후라이 먹을게.

니꼴라 빵집에서 크로아셍을 좀 샀거든.
그거 좀 먹을래?

쥴리 응, 좋지!

Nicolas Que vas-tu prendre pour le petit déjeuner ?

동사 vas는 동사 prendre와 결합하여 가까운 미래를 나타냅니다. 바로 앞 페이지에서 배워봐요.

Julie Je vais prendre un café avec un sandwich.

café 커피

Nicolas Est-ce que tu veux des toasts avec du beurre ?

Julie Non, je voudrais des œufs, s'il te plaît.

"s'il vous plaît, '보다 더 친하거나 막역한 상대에게 쓸 수 있는 표현입니다.

Nicolas Des œufs brouillés, ça va ?

brouillé는 '뒤섞인'이라는 뜻의 형용사로, 에그 스크램블은 œuf brouillé라고 합니다. 달걀 여러 개로 만들었으니까 복수형인 des가 붙고, brouillé에도 s가 붙습니다.

Julie Non, si ça ne te dérange pas, je vais prendre plutôt des œufs sur le plat.

déranger는 '방해하다', '훼방하다'라는 뜻입니다. 직역하면 '그것이 너에게 방해가 되지 않는다면'으로, 부탁할 때 흔히 사용해요. 격식을 차릴 때는 "si ça ne vous dérange pas…"라고 합니다. plutôt는 뒤에서 지시어 설명할게요.

plutôt 차라리 sur ~에 비하여

Nicolas J'ai acheté des croissants à la boulangerie. Est-ce que tu en veux ?

en은 앞 문장의 des croissants를 대신하는 중성대명사입니다.

Julie Oui. Avec plaisir !

프랑스어 왕초보 (1)

근접미래

'가다'라는 단어를 영어로는 go, 프랑스어로는 aller라고 하는데요. 참 재미있게도 영어에서 'going to'로 미래를 나타낼 수 있듯이 프랑스어도 aller로 가까운 미래를 표현할 수 있어요. 계획한 것, 결정된 것 등에 대하여 말할 때 주로 사용합니다.

형태는 아래와 같습니다.

aller + 동사원형

동사는 항상 주어의 인칭과 수에 따라 바뀐다! 잊지 않으셨죠? aller는 3군 동사로 불규칙동사입니다.

인칭	단수	복수
1인칭	je vais	nous allons
2인칭	tu vas	vous allez
3인칭	il va	ils vont
	elle va	elles vont

Il va manquer le train. 그는 기차를 놓칠 거야.

Je vais aller au cinéma ce soir. 오늘 밤 나는 영화관에 갈 거야.

Nous allons acheter une voiture. 우리는 차를 한 대 살 거야.

Ils vont déménager demain. 그들은 내일 이사할 거야.

단어 │ manquer (기차, 버스 따위를) 놓치다, ~에 불참하다 voiture 자동차 déménager 이사하다

중성대명사 en

중성대명사 en은 대화하다가 앞에 등장했던 [부정관사/부분관사+명사]를 대신하는 역할을 합니다. 항상 동사의 앞에 쓰여요. 여기서 잠깐, 부정관사와 부분관사를 헷갈리지 않도록 집고 넘어가 봐요.

부정관사	특정하지 않은 하나 또는 여러 개라는 뜻의 un, une, des
부분관사	전체의 일부, 약간의 의미를 갖는 관사 du, de la, des

부정관사 + 명사를 대신할 때

A : Tu as trois livres ? 너 책 세 권 가지고 있니?

B : Oui, j'en ai trois. 응, 세 권 있어.

A : Elle a une voiture ? 그녀는 자동차가 있니?

B : Non, elle n'en a pas encore. 아니, 아직 고가 없어.

부분관사 + 명사를 대신할 때

A : Vous buvez du thé ? 당신은 차를 마시나요?

B : Oui, j'en bois. 네, 저는 그걸 마셔요.

A : Il y a du lait dans le frigo ? 냉장고에 우유 있어?

B : Oui, il y en a. 응, (그가) 있어.

단어 thé (마시는) 차 frigo 냉장고

08 프랑스어 모모조모 (3)

plutôt

'rather(차라리)' 또는 'more(더욱)'라는 뜻으로, 주로 선호하는 것에 대한 이야기를 하는 문장에서 쓰입니다. 구어에서는 종종 '꽤', '매우'라는 의미로도 사용됩니다.

'오히려', '더욱'

J'aime plutôt les chiens que les chats. 나는 고양이보다는 개를 좋아한다.

Je préfère le thé plutôt que le café. 나는 커피보다는 차를 선호한다.

'꽤', '매우'

Il fait plutôt chaud. 날씨가 꽤 덥다.

Elle est plutôt grande. 그녀는 꽤 키가 크다.

pouvoir (할 수 있다) [불규칙동사]

pouvoir는 영어의 can과 같아요. 하지만 can은 조동사일 때 모양이 그대로이고, pouvoir는 동사 모양이 변한다는 것에 주의하세요.

인칭		단수	복수
1인칭		je peux	nous pouvons
2인칭		tu peux	vous pouvez
3인칭		il peut	ils peuvent
		elle peut	elles peuvent

단어 chien 개 chat 고양이 chaud 덥다

번호	프랑스어	번호	프랑스어
31	trente-et-un	51	cinquante-et-un
32	trente-deux	52	cinquante-deux
33	trente-trois	53	cinquante-trois
34	trente-quatre	54	cinquante-quatre
35	trente-cinq	55	cinquante-cinq
36	trente-six	56	cinquante-six
37	trente-sept	57	cinquante-sept
38	trente-huit	58	cinquante-huit
39	trente-neuf	59	cinquante-neuf
40	quarante	60	soixante
41	quarante-et-un	61	soixante-et-un
42	quarante-deux	62	soixante-deux
43	quarante-trois	63	soixante-trois
44	quarante-quatre	64	soixante-quatre
45	quarante-cinq	65	soixante-cinq
46	quarante-six	66	soixante-six
47	quarante-sept	67	soixante-sept
48	quarante-huit	68	soixante-huit
49	quarante-neuf	69	soixante-neuf
50	cinquante	70	soixante-dix

프랑스인들은 1부터 60까지는 10진법을 사용하지만, 61부터 99까지는 20진법을 사용합니다. '칠십'을 '육십-십'이라고 하는 겁니다. 더 나아가 80은 quatre-vingts(4개인 20), 90은 quatre-vingt-dix(4개의 20 더하기 10)라고 해요.

왜 이렇게 어렵게 말할까요? 여기에는 프랑스 역사가 숨어 있어요! 몇몇 프랑스 영토에 살던 족은 10진법, 도마인은 20진법을 사용했습니다. 빨리에, 스위스, 캐나다 등에서는 독점한 계산법을 버리고 10진법을 택했지만, 프랑스만 아직 두 민족의 전통을 유지하고 있답니다. 프랑스 숫자 시스템은 한마디로 두 문화가 융합된 산물이라고 할 수 있어요.

연습 문제 (1)

1 다음 문장에서 중성대명사 en으로 대체할 수 있는 단어를 밑줄 그어보세요.

보기 Il y a des bonbons dans le sac. 가방에 사탕이 있다.

1 Tu as des stylos ? 너 펜 있어?

2 Elle a des frères. 그녀는 형제가 있다.

3 Ils ont des chaussures rouges. 그들은 빨간 신발이 있다.

4 Tu as des livres à la maison ? 너 집에 책 있어?

5 Il a des chocolats. 그는 초콜릿이 있다.

6 Vous avez des amis à Paris ? 너희들은 파리에 친구가 있어?

7 J'ai des pommes dans mon sac. 내 가방에 사과가 있어.

단어 bonbon 사탕 sac 배낭, 가방 stylo 펜 frère 형제 rouge 빨간 chocolat 초콜릿

연습 문제 (2)

2 다음 숫자를 프랑스어로 바꾸어 쓴 후, 전체 문장을 읽어보세요.

1 Il y a _____ (40) tables. 40개의 책상이 있다.

2 J'ai _____ (33) stylos. 나는 33개의 펜이 있어.

3 J'ai _____ (60) ans. 저는 60세 입니다.

4 Tu as _____ (37) ans ? 너 37살이니?

5 Il y a _____ (55) personnes. 55명의 사람들이 있다.

6 C'est _____ (65) euros. 65유로 입니다.

3 다음 인칭에 알맞게 동사 pouvoir 변형을 연결하세요.

je ● ● peux

tu ● ● pouvez

il/elle ● ● peuvent

nous ● ● peut

vous ● ● pouvons

ils/elles ● ● peut

12

듣기

1 잘 듣고 빈칸에 알맞은 단어를 써넣으세요.

① ⬚ vas-tu prendre pour le petit déjeuner ?

② Je ⬚ des œufs, s'il te plaît.

③ Est-ce que tu ⬚ veux ?

2 다음 문장을 잘 듣고, 틀린 글자를 동그라미 하고 바르게 고치세요.

보기 Salut, Nicolas. (ㅣ)

① Je bais prendre un café avec un sandwich. ( )

② Abec plaisir ! ( )

③ Si ça ne te déranje pas. ( )

13 말하기

MP3 10-08

1 다음 단어를 3번씩 발음해보세요.

beurre   sandwich   œuf   croissant   boulangerie

2 다음 패턴으로 말해보세요.

> **A :** Que vas-tu prendre pour le petit déjeuner ?
>
> **B :** Je vais prendre un sandwich.

① du pain au chocolat

② des céréales

③ des saucisses

④ du gâteau

단어

céréale 세리알   saucisse 소시지   gâteau 케이크

쓰기

1 다음 문장을 따라 써보세요.

Que vas-tu prendre pour le petit déjeuner ?

Est-ce que tu veux des toasts avec du beurre ?

Ça va ?

Si ça ne te dérange pas

J'ai acheté des croissants.

Avec plaisir !

2 다음 문장을 프랑스어로 써보세요.

나는 계란후라이 먹을게.

아침으로 뭐 먹을거야?

그거 좀 먹을래?

11

어떤 일을 하세요?
Que faites-vous dans la vie ?

가족

직업 묻기

소유형용사

반과거

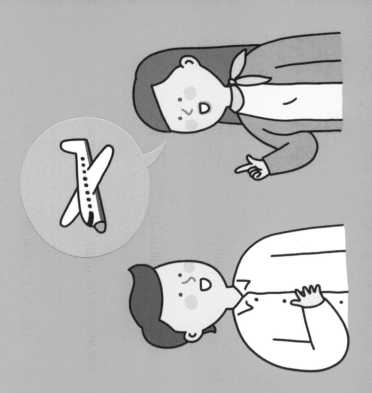

01 지난과 복습

1 다음 대화에서 중성대명사 en이 의미하는 단어는 무엇일지 써보세요.

❶ A : Tu veux des bananes ?

B : Oui, j'en veux.

(   )

❷ A : Tu vas acheter de la bière ?

B : Oui, je vais en acheter.

(   )

❸ A : Combien d'enfants avez-vous ?

B : J'en ai trois.

(   )

❹ A : Vous buvez du thé ?

B : Oui, j'en bois.

(   )

2 다음 근접미래 시제에 동사 aller의 알맞은 형태를 써보세요.

❶ Je _____ acheter un cahier.   나는 노트를 한 권 살 것이다.

❷ Nous _____ dîner au restaurant.   우리는 밖에서 저녁을 먹을 것이다.

❸ Ils _____ revenir.   그들은 다시 돌아올 것이다.

❹ Vous _____ chanter ?   당신은 노래할 건가요?

단어
bière 맥주 cahier 공책, 노트 revenir 다시 오다, 돌아오다 chanter 노래하다

단어

가족

frère 형제

sœur 자매

grand-père 할아버지

grand-mère 할머니

père 아버지

mère 어머니

fils 아들

fille 딸

mari 남편

femme 부인

oncle 삼촌

tante 고모, 이모

neveu 남자조카

nièce 여자조카

cousin 남자사촌

cousine 여자사촌

1 다음 그림을 보고, 맞는 프랑스어를 골라 써보세요.

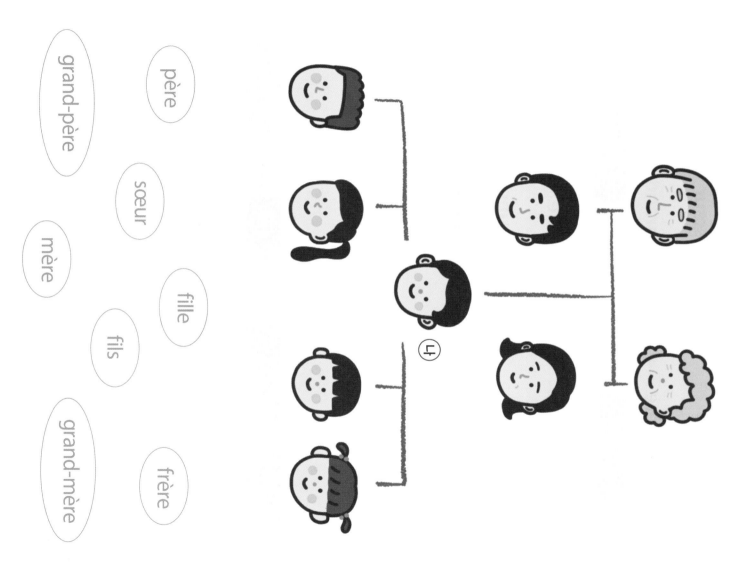

père

sœur

mère

fille

fils

grand-père

frère

grand-mère

회화

Nicolas Que faites-vous dans la vie ?

Julie Je suis hôtesse de l'air.

Nicolas Est-ce que vous aimez votre travail ?

Julie Oui, bien sûr. J'adore voyager.

Et vous ? Quelle est votre profession ?

Nicolas Moi, je suis journaliste.

Quand j'étais plus jeune,

je voulais être médecin comme mon père.

Mais j'ai changé d'avis.

니콜라 어떤 일을 하세요?

쥴리 저는 비행기 승무원이에요.

니콜라 하시는 일이 마음에 드세요?

쥴리 네, 물론이죠. 저는 여행하는 것을 좋아해요.
그쪽은요? 직업이 뭐예요?

니콜라 저는 기자입니다.
제가 어렸을 때는
제 아버지처럼 의사가 되고 싶었어요.
그런데 생각을 바꿨어요.

Nicolas Que faites-vous dans la vie ?

상대의 직업을 물어볼 때 가장 흔히 사용되는 문장입니다. 3과에서 배웠죠?
vie 인생

Julie Je suis hôtesse de l'air.

hôtesse de l'air 여자 승무원

Nicolas Est-ce que vous aimez votre travail ?

votre(당신의)와 같은 단어를 소유형용사라고 해요. 소유형용사는 지시형용사와 마찬가지로 성과 수에 일치시킵니다.
travail 일, 직업

Julie Oui, bien sûr. J'adore voyager.
Et vous ? Quelle est votre profession ?

bien sûr 물론이다, 당연하다 adorer 매우 좋아하다
voyager 여행하다

Nicolas Moi, je suis journaliste.
Quand j'étais plus jeune,
je voulais être médecin comme mon père.
Mais j'ai changé d'avis.

journaliste 기자
과거에 있었던 일은 특별과거와 반과거로 표현합니다. 이름이 특이하긴 한 삶은 반과거는 l'imparfait라고 해서 '완료되지 않았다'라는 의미입니다. 요모조목에서 지세히 다룰게요.
plus 더 jeune 젊은, 어린 comme ~처럼 mais
그러나, 하지만 changer 바꾸다 avis 의견, 생각

프랑스어 왕초보 (1)

직업 묻기

Que faites-vous dans la vie ?

상대의 직업을 물어볼 때 가장 흔히 사용되는 표현이에요. 이어에도 여러 가지 표현이 있습니다.

Quel est votre métier ?

Quel est votre travail ?

Quelle est votre profession  ?

C'est quoi ton boulot ?

> **친구** boulot는 (격식을 차리지 않은) 직업, 일을 나타내는 표현입니다.

quand

7과에서 배웠던 것처럼 '언제'라는 뜻입니다. 이 quand는 영어의 when처럼 '~일 때', '~할 때'라는 의미로 쓰이기도 합니다. 2개 쓰임새를 구분하는 방법! '~일 때'나 '~할 때'일 때는 quand 뒤에 주어와 동사가 와서 온전한 문장이 만들어집니다.

언제

Tu vas partir quand ?   너 언제 떠나?

~일 때, ~할 때

Quand il fait beau, nous faisons une promenade.

날씨가 좋을 때, 우리는 산책을 한다.

단어 métier 직업 ton 너의 boulot 일 faire beau 날씨가 좋다 promenade 산책

소유형용사

영어의 'my', 'your', 'his', 'her', 'its', 'our', 'their'와 같은 '나의', '너의', '그의' 등 소유를 나타낼 때 사용합니다. 하지만 프랑스어는 영어와 달리 소유형용사가 수식하는 명사의 성별과 단수/복수에 따라 모양이 변해요.

예를 들어 영어는 'his book'과 'his books'처럼 소유형용사 'his'가 변하지 않지만, 프랑스어는 'son livre'와 'ses livres'로 성이나 수에 따라 소유형용사가 변하게 됩니다.

아래를 수 있지만, 연습하다 보면 익숙해져요!

	남성명사(단수)	여성사(단수)	남·여명사(복수)
나의	mon	ma	mes
너의	ton	ta	tes
그/그녀의	son	sa	ses
우리의	notre	notre	nos
당신(들)의	votre	votre	vos
그/그녀의	leur	leur	leurs

mon école 나의 학교

son adresse 그의 주소

ton histoire 너의 이야기

> **잠깐**
> 여성명사(단수)가 모음이나 무음 h로 시작한다면 ma, ta, sa가 아닌 mon, ton, son을 사용합니다.

단어
adresse 주소 histoire 역사, 이야기

프랑스어 요모조모 (3)

반과거

복합과거는 점의 시제, 반과거는 선의 시제라고 할 수 있습니다. 복합과거는 과거의 어떤 행위가 완료됐음을, 반과거는 과거의 어떤 행위가 완료됐음을, 반과거는 행동이나 상태가 지속되고 있음을 나타냅니다. 과거의 어떤 시점부터 동작이 진행되는 느낌입니다.

반과거는 보통 이런 경우에 사용합니다.

1 완료되지 않고 지속되는 과거의 사실을 말할 때

2 과거의 상황을 묘사할 때

3 과거의 반복된 행위나 습관을 묘사할 때

우리말 해석	복합과거형	반과거형
	~했다 (과거의 완료된 동작)	~하고 있었다 (과거의 반복된 동작)

반과거 만드는 규칙

nous(1인칭 복수) 동사변형형 어간 + 반과거 어미

(ons를 빼면 돼요!)

일반적으로 반과거 어미는 아래와 같습니다. nous와 vous를 제외한 나머지는 사실상 다 발음이 같아요. 신기하죠?

je	-ais	nous	-ions
tu	-ais	vous	-iez
il / elle	-ait	ils / elles	-aient

복합과거 · 반과거

동사 avoir + 반과거 어미

동사 avoir로 연습해볼까요? avoir가 nous를 만나면 avons인데, 여기에서 ons를 뺄 때 나머지가 어간이 됩니다.

j'	avais	nous	avions
tu	avais	vous	aviez
il / elle	avait	ils / elles	avaient

동사 être + 반과거 어미

특이하게 동사 être는 ét- 뒤에 반과거 어미를 붙이기만 하면 됩니다.

j'	étais	nous	étions
tu	étais	vous	étiez
il / elle	était	ils / elles	étaient

-cer로 끝나는 동사 + 반과거 어미 / -ger로 끝나는 동사 + 반과거 어미

-cer로 끝나는 동사는 nous, vous를 제외한 나머지 동사에서 어미의 c를 ç로 바꾸어 줍니다.
발음상의 이유로 c는 a, o, u 앞에서 [k] 발음이 나기 때문이에요.
-ger로 끝나는 동사는 nous, vous를 제외한 나머지 동사에서 어미 앞에 e를 붙입니다.
발음상의 이유로 g는 a, o, u 앞에서 [g] 발음이 나기 때문이에요.

	-cer	-ger		-cer	-ger
je	commençais	mangeais	nous	commencions	mangions
tu	commençais	mangeais	vous	commenciez	mangiez
il / elle	commençait	mangeait	ils / elles	commençaient	mangeaient

연습 문제 (1)

1 다음 뜻을 보고 알맞은 프랑스어를 써보세요.

① _____ père 나의 아버지

② _____ mère 우리들의 어머니

③ _____ parents 그들의 부모님

④ _____ voiture 그의 자동차

⑤ _____ affaires 당신의 물건들

⑥ _____ lunettes 그녀의 안경

2 다음 인칭대명사와 반과거가 맞게 쓰였으면 ○, 잘못 쓰였으면 × 표시한 뒤 고쳐 써보세요.

① je mangeait ( ) → _____

② tu commencais ( ) → _____

③ ils étaient ( ) → _____

④ Vous commendies ( ) → _____

⑤ tu avait ( ) → _____

연습 문제 (2)

3 괄호 안에 있는 동사와 어간을 활용해서 빈칸과 다음 문장을 완성해보세요.

① J' _____ sur la plage.　(**être** / **ét**)

　나는 해변가에 있었다.

② Je _____ avec mon père.　(**travailler** / **travaill-**)

　나는 아버지와 일하고 있었다.

③ Nous _____ avec nos enfants.　(**être** / **ét**)

　우리는 아이들과 함께 있었다.

④ Elle _____ un livre.　(**lire** / **lis-**)

　그녀는 책을 읽고 있었다.

⑤ Il _____ sur le lit.　(**dormir** / **dorm-**)

　그는 침대 위에서 자고 있었다.

⑥ J' _____ dix ans.　(**avoir** / **av-**)

　나는 (그때) 10살이었다.

단어

plage 해변, 바닷가　sur ~ 위에　lit 침대

듣기

1 잘 듣고 빈칸에 알맞은 단어를 써넣으세요.

❶ Que faites-vous [　　　] la vie ?

❷ J'adore [　　　] .

❸ Je suis [　　　] .

2 다음 문장을 잘 듣고, 틀린 글자를 동그라미 하고 바르게 고치세요.

보기 Sort, Nicolas.　　(　 ㅣ 　)

❶ Es-que vous aimez votre travail ?　　(　)

❷ Quelle est votre profesion ?　　(　)

❸ J'ai shangé d'avis.　　(　)

1 다음 단어를 3번씩 발음해보세요.

> père   voyager   travail   profession   fille

2 다음 패턴으로 말해보세요.

> **A :** Quelle est votre profession ?
>
> **B :** Je suis hôtesse de l'air.

① étudiant(étudiante)

② avocat(avocate)

③ cuisinier(cuisinière)

④ dentiste

쓰기

1 다음 문장을 따라 써보세요.

Que faites-vous dans la vie ?

Est-ce que vous aimez votre travail ?

Oui, bien sûr.

J'adore voyager.

Quand j'étais plus jeune,

Mais j'ai changé d'avis.

2 다음 문장을 프랑스어로 써보세요.

나는 해변가에 있었다.

그녀는 책을 읽고 있었다.

그는 침대에서 자고 있었다.

아기를 부르는 애칭

우리나라에서 귀여운 애칭으로 "이야구 우리 강아지~"나 "우리 귀염둥이"라며 아기를 부르기도 하지요.
프랑스도 마찬가지랍니다. 과연 프랑스인들은 아기를 어떻게 부를까요?

ma puce
나의 벼룩

mon chaton
나의 고양이

mon coco
나의 달걀

mon mignon
나의 귀염둥이

mon ange
나의 천사

mon chou
나의 양배추

mon lapin
나의 토끼

mon poussin
나의 병아리

너무 달콤해서 참 재미있었지요? 프랑스인들은 양배추, 달걀 같은 음식도 애칭으로 사용합니다. 역시 미식
의 나라답습니다. 우리나라는 '우리 누구누구'라고 하고 프랑스에서는 '나의 누구누구'라고 말하는 게 참
재미있네요.

이번에는 아기가 가족을 부르는 호칭에 대해서도 알아봐요.

maman
엄마

tata
고모, 이모

mémé / mamie
할머니

papa
아빠

tonton
삼촌

pépé / papi
할아버지

단어

puce 벼룩 ange 천사 chou 양배추 coco 달걀 lapin 토끼 poussin 병아리

12

저희 호텔에 오신 것을
환영합니다!

Bienvenue dans notre hôtel !

만능표현 Il y a

축약관사

명령형

01 지난 과 복습

1 인칭과 수에 맞게 빈칸가를 채넣으세요.

① Je _____ à Nicolas. (동사원형 parler, 어간 parl)
나는 니콜라에게 말하고 있었다.

② Nous _____ ici. (동사원형 habiter, 어간 habit)
우리는 이곳에 살고 있었다.

③ Il _____ au bureau. (동사원형 travailler, 어간 travaill)
그는 사무실에서 일하고 있었다.

④ Vous _____ du piano. (동사원형 jouer, 어간 jou)
당신은 피아노를 치고 있었다.

⑤ Elles _____ à la bibliothèque. (동사원형 étudier, 어간 étudi)
그녀들은 도서관에서 공부하고 있었다.

2 프랑스어와 우리말 뜻을 알맞게 이어보세요.

mère ⦁ ⦁ 어머니

mari ⦁ ⦁ 고모, 이모

tante ⦁ ⦁ 형제

cousin ⦁ ⦁ 남자사촌

frère ⦁ ⦁ 할아버지

grand-père ⦁ ⦁ 남편

단어
jouer 놀다, 연주하다 piano 피아노 bibliothèque 도서관

단어

숙박 관련

lit 침대

oreiller 베개

lampe 램프

salle de bain 욕실

baignoire 욕조

serviette 수건

savon 비누

douche 샤워

dentifrice 치약

brosse à dents 칫솔

서수

약어는 표기할 때 자주 사용되니까 함께 익혀두세요.

우리말	서수	약어	우리말	서수	약어
1번째	premier (première)	1er (1ère)	6번째	sixième	6ème
2번째	deuxième	2ème	7번째	septième	7ème
3번째	troisième	3ème	8번째	huitième	8ème
4번째	quatrième	4ème	9번째	neuvième	9ème
5번째	cinquième	5ème	10번째	dixième	10ème

단어 연습

1 다음 단어를 프랑스어로 적어보세요.

①
비누

②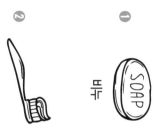
칫솔

③
치약

④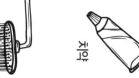
샤워

⑤
욕조

⑥
수건

회화

Hôtelière Bonjour, monsieur. Bienvenue dans notre hôtel !

Nicolas Bonjour, je m'appelle Nicolas Lambert.

J'ai appelé, il y a trois jours, pour faire une réservation.

Hôtelière Monsieur Nicolas Lambert,

une chambre seule, pour 4 nuits, c'est bien cela ?

Nicolas Oui. C'est exact.

Hôtelière Voici votre clé.

Chambre 317. C'est au 3ème étage.

Vous avez un ascenseur sur votre gauche.

Nicolas Merci beaucoup.

Hôtelière Je vous en prie. Je vous souhaite un agréable séjour.

Passez une bonne soirée.

호텔리어	안녕하세요, 선생님. 저희 호텔에 오신 것을 환영합니다.
니꼴라	안녕하세요, 제 이름은 니꼴라 랑베흐입니다.
	3일 전에 예약하려고 전화 드렸어요.
호텔리어	니꼴라 랑베흐 씨,
	4일 밤 동안 싱글룸이군요. 이게 맞나요?
니꼴라	네, 정확합니다.
호텔리어	열쇠 여기 있습니다.
	317호 방이에요. 3층에 있습니다.
	왼쪽에 엘리베이터가 있습니다.
니꼴라	정말 감사합니다.
호텔리어	별 말씀을요. 편히 머무르시길 바랍니다.
	좋은 저녁 보내세요.

Hôtelière Bonjour, monsieur.
Bienvenue dans notre hôtel !

> Bienvenue 환영합니다, 환영

Nicolas Bonjour, je m'appelle Nicolas Lambert.
J'ai appelé, il y a trois jours,
pour faire une réservation.

> 여기에서의 il y a는 ' ~ 전에'라는 의미입니다. il y a는 절을 만드는표현이에요.

Hôtelière Monsieur Nicolas Lambert,
une chambre seule, pour 4 nuits,
c'est bien cela ?

> seule 홀로의 c'est bien cela? 그렇지요?, 이게 맞나요?

Nicolas Oui. C'est exact.

> exact 정확한

Hôtelière Voici votre clé.
Chambre 317. C'est au 3ème étage.
Vous avez un ascenseur sur votre gauche.

> au는 전치사 à와 정관사 le가 결합된 축약형사입니다. 3ème은 숫자 3의 서수입니다. 원에서 배웠지요?
> clé 열쇠 étage 층 ascenseur 엘리베이터 gauche 왼쪽

Nicolas Merci beaucoup.

Hôtelière Je vous en prie. Je vous souhaite
un agréable séjour.
Passez une bonne soirée.

> 영어의 "you're welcome" "처럼 상대방이 고마움을 표했을 때 화답으로 사용하는 표현입니다. 비슷한 표현으로 이런 게 있어요. Pas de quoi(별거 아니에요). / De rien(별거 아니에요). / Avec plaisir(기쁘게 한 일이에요).
> souhaiter 바라다, 소망하다 agréable 기쁜 좋은 séjour 체류, 머묾

90

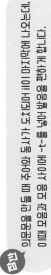

만능표현 il y a

il y a라는 표현을 뜯어서 보면

il + y + a

it there have (avoir의 3인칭 단수형)

이지만, 관용적인 표현이라 묶어서 외워주세요.
영어의 "there is(there are)"와 같이 '~이 존재한다(있다)'라는 뜻입니다.

il y a에서 'a'도 엄연한 동사예요. 시제에 따라 동사가 변하기 때문에 변화형도 함께 기억해두세요.

현재형	il y a
반과거	il y avait
복합과거	il y a eu (eu는 avoir의 과거분사예요!)
미래형	il y aura
부정형 (현재)	il n'y a pas
의문형 (현재)	y a-t-il (또는 est-ce qu'il y a)

굉장히 많이 쓰는 표현입니다. 다음 시간부터 젊은 사람들[특히 젊은이들]이 'il y a'를 생략하고 "y a(~야)"라고만 말하기도 하고 "y a(~야)"라고만 말하기도 합니다.

> **참고**
> 의문문을 만들 때 주어와 동사가 도치되어 il이 마지막에 나오는데, 이때 모음과 모음 사이에 ~t~를 넣어 발음을 편하게 합니다.

01 프랑스어 요모조모 (2)

만능표현 Il y a은 아래와 같이 다양한 상황에 쓰입니다.

'~이 있다'

Il y a deux chats sur la table.   테이블 위에 고양이가 두 마리 있다.

Il y aura un examen dans deux semaines.   2주 후에 시험이 하나 있을 것이다.

Il n'y a pas de problème.   문제가 없습니다.

(시간을 나타내는 표현과 함께 쓰여) '~ 전에'

il y a longtemps   오래 전에

il n'y a pas si longtemps   얼마 전에

Il est arrivé en France, il y a 25 ans.   그는 25년 전에 프랑스에 도착했다.

'어떤 일이 일어나다' (관용 표현)

Qu'est-ce qu'il y a ?   무슨 일이야?

il y a 의문문을 만들 때도 3가지 방법으로 의문문을 만들 수 있습니다.

1 문장 끝의 억양만 올려 만듭니다.

Il y a une station-service près d'ici ?

2 est-ce que를 앞에 붙입니다.

Est-ce qu'il y a un bon restaurant près d'ici ?

3 비과 y를 도치합니다.

Y a-t-il une station-service près d'ici ?   근처에 주유소가 있나요?

단어

examen 시험 semaine 주 problème 문제 longtemps 오래 station-service 주유소 près 가까이, 가까이에

80

프랑스어 알모조모 (3)

전치사 à, de와 정관사 le, la, les가 만날 때 축약 현상이 일어납니다. 그걸 축약관사라고 해요. 이때 4가지 축약관사를 꼭 기억해주세요. 축약관사는 선택적으로 사용하는 것이 아니라 반드시 사용해야 합니다.

à + le = au

de + le = du

à + les = aux

de + les = des

Nous allons au(à + le) cinéma.　우리는 영화 보러 갈 거야.

le mot du(de + le) président　대통령의 말

J'habite aux(à + les) Pays-Bas.　나는 네덜란드에 산다.

C'est la table des(de + les) enfants.　이것은 어린이들의 (어린이용) 탁자이다.

Il y a des embouteillages.　교통이 혼잡하다.

부정관사 des와 헷갈리시면 안 돼요! 축약관사 des는 de+les로 분리되고 부정관사 des는 '~의'라는 뜻이지만, 부정관사 des는 분리할 수 없습니다.

단어

président 대통령　Pays-Bas 네덜란드　embouteillages 교통혼잡

프랑스어 모모쪼모 (4)

명령형

인칭대명사 tu(너), vous(당신/당신들/너희), nous(우리)에만 쓰이며 표기가 다릅니다. nous의 명령형이
라고 하면 '~하자!'로, 다른 외국어로는 청유형이라고 부르는 표현이에요.
기본적으로 tu, vous, nous의 현재형과 같지만 살짝 달라요. 명령하는 아투니까 앞에 주어는 생략해요.

1 −er로 끝나는 동사(1군 동사)와 aller(불규칙동사)는 tu 현재형에서 마지막 s를 뺍니다.
vous와 nous는 똑같이요!

parler 말하다 **1군동사**

tu parles	→	Parle ! 말해!
vous parlez	→	Parlez ! 말하세요!
nous parlons	→	Parlons ! 말하자!

2 2군 동사와 다른 불규칙동사는 현재형 동사와 똑같습니다.

finir 끝내다 **2군동사**

tu finis	→	Finis ! 끝내!
vous finissez	→	Finissez ! 끝내세요!
nous finissons	→	Finissons ! 끝내자!

boire 마시다 **불규칙동사**

tu bois	→	Bois ! 마셔!
vous buvez	→	Buvez ! 마셔요!
nous buvons	→	Buvons ! 마시자!

3 être 동사는 불규칙적입니다.

tu es 형용사	→	Sois 형용사 !
vous êtes 형용사	→	Soyez 형용사 !
nous sommes 형용사	→	Soyons 형용사 !

10

연습 문제 (1)

1 보기를 참고해서 빈칸에 알맞은 축약관사를 쓰세요.

보기

au	du	aux	des

① Je vais _____ champs. 나는 들판에 간다.

② Je viens _____ théâtre. 저는 극장에서 오는 길입니다.

③ Je vais _____ lycée. 저는 고등학교에 갑니다.

④ Cet élève est l'un _____ meilleurs de la classe.
이 학생은 반에서 가장 우수한 학생 중 한 명이다.

2 다음 문장을 명령문으로 바꾸어 쓰세요.

① Tu étudies le français. 나는 프랑스어를 공부한다.

↑ _____ . 프랑스어를 공부해!

② Vous parlez français. 당신은 프랑스어로 말한다.

↑ _____ . 프랑스어로 말하세요!

③ Nous mangeons de la viande. 우리는 고기를 먹는다.

↑ _____ . 고기를 먹자!

④ Tu prends le métro. 나는 지하철을 탄다.

↑ _____ . 지하철을 타!

단어

champ 들판 théâtre 극장 lycée 고등학교 élève 학생 meilleur 더 좋은, 가장 나은 viande 고기

3 만능틀 il y a의 변화형을 적어보세요.

현재형	미래형
반과거	부정형 (현재)
복합과거	의문형 (현재)

4 그림을 보고 각 선수의 변호표(기수)와 들어온 순서(서수)를 써보세요.

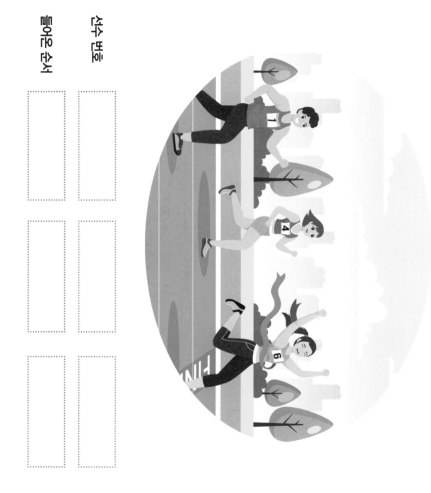

선수 번호		
들어온 순서		

듣기

12

1 잘 듣고 빈칸에 알맞은 단어를 써넣으세요.

① [　] dans notre hôtel.

② C'est bien [　] ?

③ C'est [　] .

2 다음 문장을 잘 듣고, 틀린 글자를 동그라미 하고 바르게 고치세요.

보기　Salut, Nicolas.　　(1)

① Voisi votre clé.　　( )

② Vous avez un accenseur sur votre gauche.　　( )

③ C'est ao 3ème étage.　　( )

MP3 12-08

1 다음 단어를 3번씩 발음해보세요.

> hôtel   réservation   chambre   étage   gauche

2 다음 패턴으로 말해보세요.

> Voici votre clé. C'est au 3ème étage.

① 1er

② 2ème

③ 5ème

④ 10ème

1 다음 문장을 따라 써보세요.

Bienvenue dans notre hôtel !

J'ai appelé, il y a trois jours, pour faire une réservation.

C'est exact.

Voici votre clé.

C'est au 3ème étage.

Passez une bonne soirée.

2 다음 문장을 프랑스어로 써보세요.

테이블 위에 고양이 두 마리가 있다.

오래 전에

무슨 일이야?

문화

길거리 프랑스어

우리나라에 신조어가 있듯이, 프랑스에도 슬랭이 많습니다.
자주 쓰는 슬랭을 익혀두면 프랑스인들과 더욱 자연스럽게 이야기를 나눌 수 있겠죠?

교과서 프랑스어		길거리 프랑스어	
이해하지 못하겠어요.	Je ne comprends rien.	Je pige que dalle.	
이해하다	comprendre	piger	
아무것도(nothing)	rien	que dalle	
나는 피곤해요.	Je suis fatigué.	Je suis claqué.	
나를 좀 내버려둬.	Laisse-moi tranquille.	Fiche-moi la paix.	
못 믿겠어! 대단해!	C'est incroyable !	C'est ouf !	
서둘러!	Dépêche-toi !	Magne-toi !	
전혀 관심없어!	Ça ne m'intéresse pas du tout !	Je m'en tape!	
정확해요!	Exactement !	Pile-poil !	
나 간다!	Je pars !	Je me casse !	
그거 정말 비싸다!	C'est vraiment très cher !	Ça coûte un bras !	

31

비행기를
예약하고 싶은데요.

Je voudrais réserver un vol.

날짜 말하기(심화)

전치사 entre

D'accord ! 좋아!

숫자 71~90

1 다음 서수의 약어와 철자를 알맞게 연결하세요.

1er	●	● quatrième
2ème	●	● septième
3ème	●	● deuxième
4ème	●	● cinquième
5ème	●	● dixième
6ème	●	● sixième
7ème	●	● troisième
8ème	●	● huitième
9ème	●	● neuvième
10ème	●	● premier

2 괄호 안을 참조해서 빈칸에 알맞은 축약관사를 쓰세요.

① Nous allons _____ (à + le) cinéma.

② le mot _____ (de + le) président.

③ J'habite _____ (à + les) Pays-Bas.

④ Le bruit est un _____ (de + les) problèmes de la vie moderne.

⑤ C'est la table _____ (de + les) enfants.

단어

공항에서

공항에서

aéroport	공항
boutique hors taxes	면세점
classe économique	이코노미 클래스
première classe	퍼스트 클래스
vol	비행, 항공편
arrivée	도착
carte d'embarquement	탑승권
valise	여행가방
passager, passagère	승객
contrôle de sécurité	보안 검색
enregistrement	체크인
correspondance	연결 항공편

douane	세관
porte	게이트
escale	경유지
bagage(s)	수하물
chariot	카트
départ	출발
billet	티켓
comptoir	카운터
visa	비자
terminal	터미널
retard	지연
annulation	취소

02

단어 연습

1 아래 단어에서 빠진 철자를 채워주세요.

① 공항   a ☐ roport

② 세관   dou ☐ ne

③ 면세점   bout ☐ ue hors taxes

④ 게이트   po ☐ te

⑤ 이코노미 클래스   classe ☐ conomique

⑥ 퍼스트 클래스   premi ☐ re classe

⑦ 보딩패스   carte d'e ☐ barquement

⑧ 수하물   ba ☐ ages

⑨ 카드   ch ☐ riot

회화

Julie　Bonjour. Je voudrais réserver un vol de Paris à Berlin.

employé　Bonjour, madame.

　　　　Quand souhaitez-vous partir ?

Julie　Je voudrais partir entre le 19 et le 21 juin,

　　　　de préférence dans l'après-midi.

employé　C'est pour combien de personnes ?

Julie　Une personne. C'est juste pour moi.

employé　Oui, madame.

　　　　Nous avons des places disponibles pour le 20 juin.

Julie　D'accord. Combien coûte le billet, s'il vous plaît ?

employé　758 €, madame. Toutes taxes comprises.

줄리　　안녕하세요. 파리에서 베를린까지 가는
　　　　비행기를 예약하고 싶은데요.

직원　　안녕하세요, 선생님.
　　　　언제 떠나기를 원하세요?

줄리　　6월 19일에서 21일 사이에 떠나기를 원해요.
　　　　되도록이면 오후에요.

직원　　몇 사람인가요?

줄리　　한 사람이요. 제 것만요.

직원　　네, 선생님. 6월 20일에 가능한 자리가 있네요.

줄리　　좋습니다. 표 요금이 얼마예요?

택시기사　758유로입니다. 모든 세금이 포함되어 있어요.

Julie
Bonjour. Je voudrais réserver un vol
de Paris à Berlin.

전치사 de는 영어의 from, 전치사 à는 영어 to에 해
당합니다.

Berlin 베를린

employé Bonjour, madame.
Quand souhaitez-vous partir ?

동사와 주어를 도치한 의문문입니다. 동사와 주어 사
이에 '-'를 반드시 표기하는 것 잊지 마세요! 이런 형
태의 의문문은 격식을 차릴 때 주로 사용해요.

Julie
Je voudrais partir entre le 19 et le 21 juin,
de préférence dans l'après-midi.

날짜를 말할 때는 le+날짜+달 이름 순이에요.
préférence는 '선호'라는 뜻이지만, de préférence
는 회화에서 '되도록이면'이라는 의미로 자주 사용됩니다.

entre A et B A와 B 사이

employé C'est pour combien de personnes ?

몇 명에서는 "Vous êtes combien?"이라고 할 수도
있습니다.

Julie
Une personne. C'est juste pour moi.

여기서 juste는 '바로', '정확히'라는 의미로 강조하기
위해 사용되었습니다.

juste 오직

employé Oui, madame.
Nous avons des places disponibles pour le 20 juin.

Julie
D'accord. Combien coûte le billet, s'il vous plaît ?

employé 758 €, madame. Toutes taxes comprises.

taxe 세금   comprise 포함된

프랑스어 요모조모(1)

réserver 1군동사

프랑스 여행을 가게 되면 현지에서 이것저것 예약해야 할 게 생길 수도 있습니다. réserver를 활용하여 다양한 표현을 연습해봅시다. réserver는 다행히도(?) 규칙적인 1군 동사입니다. 게다가 '예약하고 싶다' 라는 표현을 많이 쓰게 되니 "Je voudrais réserver ~"를 통으로 외워도 되겠어요.

Je voudrais réserver des livres.　도서 매출을 예약하고 싶은데요.

Je voudrais réserver une chambre.　방을 하나 예약하고 싶은데요.

Je voudrais réserver une table.　테이블을 하나 예약하고 싶은데요.

Je voudrais réserver un billet de TGV.　TGV 표를 예약하고 싶은데요.

날짜 말하기(심화)

4과에서 날짜를 프랑스어로 말해보는 연습을 했었는데 기억하고 계신가요? 기억나지 않아도 괜찮습니다. 다! 4과에서 배웠던 내용과 함께 조금 더 깊이 알아봅시다. 날짜를 말할 때는 다음 3가지 형태 중 하나를 쓰면 됩니다. 요일 없이 날짜만 말할 때는 앞에 le가 붙습니다.

C'est	+ 요일	+ 매칠	+ 몇 월	+ 연도
On est	+ le	+ 매칠	+ 몇 월	+ 연도
Nous sommes				

C'est le 8 avril 2023.　2023년 4월 8일입니다.

On est le premier juillet 2024.　2024년 7월 1일입니다.

Nous sommes vendredi 13 juin.　6월 13일 금요일입니다.

참고로, 매월 1일은 'premier'라는 서수를 사용합니다.

01 프랑스어 요모조모 (2)

13-04

전치사 entre

entre는 영어의 'between'과 비슷해요. 일반적으로 '~ 사이에'라는 의미로 사용됩니다. 공간적, 시간적인 의미에 모두 쓸 수 있습니다.

distance entre deux points　　두 점 사이의 거리

entre 9 et 10 heures　　9시와 10시 사이에

entre nous는 관용 표현으로 '우리끼리라는 의미로 사용됩니다.

C'est un secret entre nous.　　그건 우리끼리의 비밀이야.

D'accord! 좋아!

d'accord는 "Je suis d'accord."의 줄임말로 상대방의 말에 동의를 나타낼 때 씁니다.

Je suis d'accord avec toi.　　너의 의견에 동의해.

하지만 일상에서는 '알았다'라는 의미로 더욱 자주 쓰이기도 해요. 사람에 따라서는 "D'accord." 대신 "OK."를 더 많이 사용하기도 합니다. 다른 나라에서도 절로 많이 쓰이는 "OK."이말로 만국공통어네요!

A : On peut se tutoyer ?　　우리 말 놓을까요?

B : D'accord !　　좋아!

---

08 프랑스어 모모조모 (3)

상황에 맞는 표현

Un aller simple ou un aller-retour ? 편도입니까? 왕복입니까?

Quelle classe désirez-vous ? 좌석 등급은 무엇으로 하시겠어요?

Quelle est l'heure d'arrivée ? 도착 시각은 언제예요?

Je voudrais modifier ma réservation. 예약을 변경하고 싶은데요.

가격 물어볼 때

Ça fait combien? 합계가 얼마예요? (여러 개 살 때)

Ça coûte combien ? 얼마예요?

C'est combien ? 얼마예요?

aller simple 편도 aller-retour 왕복 classe 계급, 등급, 등급 modifier 변경하다, 수정하다

숫자 71~90

드디어 프랑스어 숫자의 끝판왕. 71부터 90까지를 배워봅니다. 기껏 생소하고, 가장 어렵습니다. 하지만 여러분 보다 보면 금방 익숙해질 거예요. 지금 당장 몽땅 다 외워야 한다고 생각하지 말고, 이렇게 특이한 숫자가 있다는 걸 인지하고 차근차근 눈에 익혀봅시다. 해지지 않아요.

71	soixante-et-onze	81	quatre-vingt-un
72	soixante-douze	82	quatre-vingt-deux
73	soixante-treize	83	quatre-vingt-trois
74	soixante-quatorze	84	quatre-vingt-quatre
75	soixante-quinze	85	quatre-vingt-cinq
76	soixante-seize	86	quatre-vingt-six
77	soixante-dix-sept	87	quatre-vingt-sept
78	soixante-dix-huit	88	quatre-vingt-huit
79	soixante-dix-neuf	89	quatre-vingt-neuf
80	quatre-vingts	90	quatre-vingt-dix

10과에서 배웠던 것처럼 쩔트쪽의 10진법과 로마쪽의 20진법이 짬뽕되어, 70부터 79까지는 '60+10~60+19'로 읽습니다.

숫자 80은 '4X20'이고요, 81부터는 '4X20+1', 90은 '4X20+10'입니다. 그렇다면 여기서 문제! 99는? 그렇죠, '4X20+19'로 읽습니다.

그리고 또 한 가지!
80(quatre-vingts)은 20(vingt)이 4개 있는 거니까 복수 s가 붙지만, 갑자기 숫자 81부터는 s가 탈락합니다. 심지어 81은 quatre-vingt et un이야 하는데, et를 없애고 'quatre-vingt-un'라고 읽습니다.

포기하지 마세요! 보다 보면 익숙해집니다. (진짜로임)

연습 문제 (1)

1 앞에서 배운 "얼마예요?" 표현 3가지를 적어보세요.

?

?

?

2 빈칸에 알맞은 프랑스어를 써넣으세요.

① 3월 27일이에요. C'est le 27 _____

② 목요일이에요. Nous somme _____

③ 2022년 4월 5일이에요. On est le 5 _____ 2022.

④ 11월 7일이에요. C'est le 7 _____

⑤ 3월 19일 토요일이에요. C'est samedi 19 _____

⑥ 7월 9일이에요. On est le 9 _____

TIP 기억이 잘 안 난다면
4과의 3페이지를 참조하세요!

3 다음 숫자의 프랑스어를 알맞게 연결하세요.

73 ● ● soixante-treize

77 ● ● quatre-vingt-huit

81 ● ● quatre-vingt-un

85 ● ● soixante-dix-sept

88 ● ● quatre-vingt-cinq

4 보기를 보고 빈칸에 프랑스어 숫자로 채워 보세요.

보기

보기

| quatre-vingts | quatre-vingt-dix |
| soixante-seize | quatre-vingt-quatre |

① C'est _____ euros. 80 유로입니다.

② C'est _____ euros. 90 유로입니다.

③ C'est _____ euros. 76 유로입니다.

④ C'est _____ euros. 84 유로입니다.

듣기

1 잘 듣고 빈칸에 알맞은 단어를 써넣으세요.

① [ ] souhaitez-vous partir ?

② C'est pour [ ] de personnes ?

③ [ ] taxes comprises.

2 다음 문장을 잘 듣고, 틀린 글자를 동그라미 하고 바르게 고치세요.

보기 Sal(u)t, Nicolas.   ( )

① Je vousdrais réserver un bol.   ( )

② C'est juste four moi.   ( )

③ Combien coûte le billes ?   ( )

MP3 13-08

1 다음 단어를 3번씩 발음해보세요.

> aéroport　　douane　　porte　　bagages　　chariot

2 다음 패턴으로 말해보세요.

> **A :** Quand souhaitez-vous partir ?
>
> **B :** Je voudrais partir entre le 19 et le 21 juin.

❶ le 3 et le 5 septembre

❷ le 13 et le 15 janvier

❸ le 5 et le 7 août

❹ le 15 et le 17 avril

쓰기

◼ 다음 문장을 따라 써보세요.

Je voudrais réserver un vol de Paris à Berlin.

✎

Quand souhaitez-vous partir ?

✎

Je voudrais partir entre le 19 et le 21 juin.

✎

C'est juste pour moi.

✎

Combien coûte le billet, s'il vous plaît ?

✎

Toutes taxes comprises.

✎

② 다음 문장을 프랑스어로 써보세요.

한 사람이요.

✎

TGV 표를 예약하고 싶은데요.

✎

9시와 10시 사이에

✎

비행기 안에서의 프랑스어

기내에서 승객과 승무원이 자주 사용할 만한 프랑스어 문장들을 모아봤습니다. 승객과 승무원 사이의 의사소통은 대화가 길게 이어지지 않기 때문에 간단한 문장만 알아도 바로 써먹을 수 있습니다. 비행기 안에서 소통하는 데 분명 도움이 될 거예요!

승객이 사용하는 프랑스어

Où est ma place? 제 좌석은 어디인가요?

Quelle est l'heure du repas? 식사 시간이 언제인가요?

Je peux avoir de l'eau? 물 좀 주실 수 있을까요?

Je peux emprunter un stylo, s'il vous plaît? 펜 좀 빌릴 수 있을까요?

Je peux avoir une couverture? 담요 좀 하나 주시겠어요?

Nous allons atterrir à quelle heure? 몇 시에 도착 예정인가요?

승무원이 사용하는 프랑스어

Nous allons partir dans quelques minutes. 잠시 후면 출발할 예정입니다.

Attachez vos ceintures! 안전벨트를 매 주세요.

Voulez-vous boire quelque chose? 마실 것 좀 드릴까요?

Du riz ou du pain? 밥 드릴까요, 빵 드릴까요?

단어
repas 식사 emprunter 빌리다 couverture 담요 ceintures 안전벨트 riz 밥

14

어디가 불편하신가요?
Qu'est-ce qui ne va pas ?

~가 아파요

피곤하다

peu quelques

1 알맞은 프랑스어 단어를 써넣어 문장을 완성하세요.

① Je voudrais réserver des _____.
도서 대출을 예약하고 싶은데요.

② Je voudrais réserver une _____.
방을 하나 예약하고 싶은데요.

③ Je voudrais réserver une _____.
테이블을 하나 예약하고 싶은데요.

④ Je voudrais réserver un _____ de TGV.
TGV표를 예약하고 싶은데요.

2 단어를 알맞은 순서로 배치하여 문장을 완성하세요.

① pour / de / combien / c'est / personnes

_____.

② coûte / billet / le / combien?

_____.

③ voudrais / je / un / réserver / vol

_____.

visage 얼굴	**cheveux** 머리카락
oreille 귀	**nez** 코
yeux 눈(복수)	**œil** 눈(단수)
bouche 입	**lèvre** 입술
dent 치아	**épaule** 어깨
bras 팔	**poitrine** 가슴
ventre 배	**dos** 등
main 손	**jambe** 다리
tête 머리	

1 아래 단어를 알맞게 이어주세요.

귀 ●   ● visage

얼굴 ●   ● oreille

어깨 ●   ● œil

코 ●   ● nez

치아 ●   ● dent

손(단수) ●   ● épaule

눈 ●   ● jambe

다리 ●   ● main

2 다음 단어의 빠진 철자를 적어보세요.

① 등   □os

② 가슴   □oitrine

③ 배   ven□re

④ 입   bouc□e

⑤ 눈(복수)   yeu□

회화

Docteur Alors, qu'est-ce qui ne va pas ?

Gabriel Je ne sais pas vraiment, docteur.

Je suis un peu fatigué.

Docteur Est-ce que vous avez de la fièvre ?

Gabriel Non mais j'ai souvent mal à la tête.

Docteur Je vais vous examiner.

Votre température est normale.

Est-ce que vous dormez bien, la nuit ?

Gabriel Non, pas du tout.

Je dors très peu, ces derniers temps.

Docteur Je vois. Je vais vous faire une ordonnance.

Ne vous en faites pas.

의사	그래요, 어디가 불편하신가요?
가브리엘	잘 모르겠어요, 선생님. 좀 피곤함을 느껴요.
의사	열이 좀 있나요?
가브리엘	아니요, 하지만 머리가 자주 아파요.
의사	진찰을 좀 해볼게요. 체온은 정상이네요. 밤에 잠은 잘 주무시나요?
가브리엘	아니요, 전혀요. 요즘에는 잠을 아주 적게 자게 지요.
의사	알겠네요. 제가 처방전을 하나 써드릴게요. 걱정하지 마세요.

Docteur Alors, qu'est-ce qui ne va pas ?

직역하면 "무엇이 가지 않나요?", "무슨 문제예요?", "어디가 좋지 않나요?"라는 뜻입니다. 병원에서 의사나 간호사가 자주 써요.

Gabriel Je ne sais pas vraiment, docteur.
Je suis un peu fatigué.

대답할 때는 ne를 생략하여 "Je sais pas, "라고 말하는 경우가 많아요.
un peu는 요모조모 시간에 배워요. '약간', '조금'이라는 뜻이에요.
vraiment 정말로

Docteur Est-ce que vous avez de la fièvre ?

좀 더 일상적인 표현으로 "Vous avez de la fièvre ?"라고 말할 수도 있어요.
fièvre 열

Gabriel Non mais j'ai souvent mal à la tête.

"avoir mal à + 신체명사"로 아픈 곳을 말할 수 있습니다.
souvent는 '자주'라는 뜻의 빈도부사입니다.
souvent 자주

Docteur Je vais vous examiner.
Votre température est normale.
Est-ce que vous dormez bien, la nuit ?

10과에서 배운 근접미래시제가 사용된 문장이에요. 'aller + 동사원형'으로 가까운 미래를 나타낼 수 있습니다. 인칭대명사가 목적어로 사용될 때는 반드시 동사 앞에 위치한다는 점 주의하세요. 일부 명사는 동사 뒤에 위치합니다. Je vais examiner votre oreille. (당신의 귀를 검진해볼게요.)
examiner 진찰하다 température 온도, 체온
dormir 자다

Gabriel Non, pas du tout.
Je dors très peu, ces derniers temps.

앞에서 배운 un peu와 달리 peu는 '거의 ~않다'라는 뜻으로 부정적인 뜻입니다. Nous sortons peu le soir.(우리는 저녁에 거의 나가지 않는다.)
pas du tout 전혀 ces derniers temps 요즘

Docteur Je vois. Je vais vous faire une ordonnance.
Ne vous en faites pas.

상대방이 걱정할 때 위로하는 표현입니다. 친한 사이(tutoyer)에는 "Ne t'en fais pas."라고 말합니다.
ordonnance 처방전

프랑스에 요모조모 (1)

Qu'est-ce qui ne va pas?

"무슨 문제예요?", "어디가 좋지 않나요?"라는 뜻입니다. 병원에서 의사나 간호사가 자주 써요. 어디가 불편하거나 잘못되었는지 물어볼 때 이래와 같은 걸은 표현을 사용할 수도 있습니다.

Qu'est-ce qu'il y a ? 무슨 일이 있니?

Qu'est-ce que tu as ? 너는 무엇을 가졌니? (직역)

~가 아파요

동사 avoir + mal à + 신체

단수 남자 명사 à + le가 함쳐져 축약관사 au로 변하는 것에 주의하세요.

J'ai mal au ventre. 배가 아파요.　　**J'ai mal au doigt.** 손가락이 아파요.

단수 여자 명사

J'ai mal à la gorge. 목이 아파요.　　**J'ai mal à la jambe.** 다리가 아파요.

복수 명사 à + les 가 함쳐져 축약관사 aux로 변하는 것에 주의하세요.

J'ai mal aux oreilles. 양쪽 귀가 아파요.

J'ai mal aux jambes. 양 다리가 아파요.

단어
doigt 손가락 gorge 목

빈도부사

'가끔', '항상', '자주', 우리가 일상에서 참 많이 쓰는 표현이죠? 프랑스어도 똑같습니다. 일상적인 대화에
서 자주 사용되는 빈도부사를 알아두면 표현이 더욱 풍부해져요! 그래서 이번에는 문의 쓰이는 빈도부
사 BEST 5를 소개합니다. 빈도부사를 공부하면 아런 행동을 얼마나 하는지를 표현할 수 있게 됩니다.

ne ~ jamais 절대 ~ 아니다   never

Je ne prends jamais de thé.   나는 절대 차를 마시지 않는다.

rarement 매우 드물게   rarely

Je rêve rarement.   나는 매우 드물게 꿈을 꾼다(꿈을 거의 꾸지 않는다).

parfois 가끔   sometimes

Parfois, ils vont au cinéma.   가끔 그들은 영화관에 간다.

souvent 자주   often

Je prends souvent le métro.   나는 자주 지하철을 탄다.

toujours 항상   always

Il dit toujours oui.   그는 언제나 "예"라고 말한다.

프랑스어 문모조모 (3)

peu와 quelques

영어에서 셀 수 있는 명사에는 few, 셀 수 없는 명사에는 little을 쓴다고 배웠던 걸 기억하시나요? 프랑스어에도 비슷한 표현이 있는데요. 바로 quelques와 peu입니다. 셀 수 있는 것에 쓰이는 quelques는 쉬우니까, peu 먼저 배워볼게요.

peu

1 un peu de는 셀 수 없는 명사와 같이 사용하며, 영어의 a little과 유사해요. '조금의', '약간의'라고 해석합니다.

J'ai un peu de lait.   나는 약간의 우유가 있다.

2 peu de는 영어의 little과 유사하며, "거의 ~ 않다"로 해석합니다.

Nous avons peu d'argent.   우리는 돈이 거의 없다.

3 un peu와 peu는 형용사와 동사를 꾸밀 수도 있습니다. 이때 un peu가 수식하는 문장은 '조금 ~하다'로, peu가 수식하는 문장은 '거의 ~하지 않다'로 해석합니다.

Je suis un peu inquiet.   나는 조금 걱정이 돼.

Je suis peu inquiet.   나는 별로 걱정 안 해.

J'ai un peu mangé.   조금 먹었어.

J'ai peu mangé.   조금밖에 못 먹었어.

quelques

셀 수 있는 단어에는 quelques를 사용하며, 영어의 a few와 유사합니다.

Il a quelques livres.   그는 책이 몇 권 있다.

09 연습문제(1)

1 우리말 뜻에 알맞은 빈도부사를 보기에서 골라 적어보세요.

보기

rarement　　ne ~ jamais　　parfois

souvent　　toujours

❶ Je ______ prends ______ de thé. 나는 절대 차를 마시지 않는다.

❷ Je rêve ______ . 나는 매우 드물게 꿈을 꾼다.(꿈을 거의 꾸지 않는다.)

❸ ______, ils vont au cinéma. 가끔 그들은 영화관에 간다.

❹ Il dit ______ oui. 그는 언제나 "예"라고 말한다.

❺ Je prends ______ le métro. 나는 자주 지하철을 탄다.

2 다음 문장의 뜻을 참고하여 quelques와 peu 중에 골라 써보세요.

❶ Je suis ______ inquiet. 나는 별로 걱정 안 해.

❷ Elle a ______ stylos. 그녀는 펜이 몇 개 있다.

❸ Je suis ______ fatigué. 나는 별로 안 피곤해.

❹ Nous avons ______ d'argent. 우리는 돈이 거의 없다.

연습문제 (2)

3 "avoir mal à + 신체명사"의 표현을 사용하여 이픈 부위를 말해보세요.

① 치아가 아파요.

J'ai mal _____.

② 다리가 아파요.

J'ai mal _____.

③ 귀가 아파요.

J'ai mal _____.

④ 코가 아파요.

J'ai mal _____.

⑤ 어깨가 아파요.

J'ai mal _____.

⑥ 허벅지가 아파요.

J'ai mal _____.

힌트

허벅지는 cuisse라고 해요!

14과 11

단어

cuisse 허벅지

4 뜻에 맞게 단어를 배열하여 문장을 완성하세요.

① 어디가 불편하세요? (qui / qu'est-ce / ne / pas / va)

_____ ?

② 열이 좀 있나요? (fièvre / vous / que / est-ce / la / de / avez)

_____ ?

③ 제가 진찰을 좀 해볼게요. (vous / vais / examiner / je)

_____ .

④ 머리가 자주 아파요. (mal / tête / j'ai / la / souvent / à)

_____ .

⑤ 걱정하지 마세요. (ne / en / vous / pas / faites)

_____ .

5 다음 뜻을 보고 빈칸에 알맞은 단어를 적어보세요.

① 열이 좀 있나요?

Est-ce que vous avez de la _____ ?

② 당신의 체온은 정상이에요.

_____ température est normale.

③ 밤에 잠을 잘 주무시나요?

Est-ce que vous _____ bien, la nuit ?

④ 처방전을 하나 써드릴게요.

Je vais vous _____ une ordonnance.

듣기

1 잘 듣고 빈칸에 알맞은 단어를 써넣으세요.

❶ Qu'est-ce [ ] ne va pas ?

❷ J'ai souvent [ ] à la tête.

❸ Je dors [ ] peu.

2 다음 문장을 잘 듣고, 틀린 글자를 동그라미 하고 바르게 고치세요.

보기 Sa[r]ut, Nicolas.   (l)

❶ Je ne sait pas vraiment.   ( )

❷ J'ai souvent mal à le tête.   ( )

❸ Non, pas du tous.   ( )

1 다음 단어를 3번씩 발음해보세요.

> visage   yeux   nez   dent   jambe

2 다음 패턴으로 말해보세요.

> A : Qu'est-ce qui ne va pas ?
>
> B : J'ai souvent mal à la tête.

① aux dents

② au ventre

③ à la jambe

④ à la gorge

쓰기

1 다음 문장을 따라 써보세요.

Qu'est-ce qui ne va pas ?

✎

Je ne sais pas vraiment, docteur.

✎

J'ai souvent mal à la tête.

✎

Je vais vous examiner.

✎

Votre température est normale.

✎

Ne vous en faites pas.

✎

2 다음 문장을 프랑스어로 써보세요.

귀가 아파요.

✎

어디가 불편하신가요?

✎

잘 모르겠어요.

✎

프랑스 약국은 약국이 아니다?

프랑스에서는 모든 약국에 초록색 십자가 간판이 달려 있어서 멀리서도 알아볼 수 있어요. '약학'이나 '약 국'을 뜻하는 프랑스어 "pharmacie"라고 적혀 있지만, 실제로는 약 이외에 다양한 물건들을 팔고 있습니 다. 단연 눈에 띄는 것은 화장품. 화장품 가게에서 파는 게 아닌가 싶을 정도예요. 약국은 보통 오전 9시부터 오후 7시까지 열려 있고, 몇몇 약국은 점심시간에 잠시 문을 닫기도 합니다. 긴급상황 대 비해 지역마다 돌아가며 일요일에 여는 약국이 최소 하나는 있습니다. 프랑스 약국도 우리나라처럼 비처방약을 살 수 있어요. 비타민, 건강 보조제, 아기 용품, 의료 기기까 지 합니다. 약사가 때로는 의사 역할도 하며, 간단한 중상이면 약을 직접 권하기도 해요.

Monge pharmacie 몽주약국   **City Pharma** 씨티 파르마
Pharmacie galleries 갤러리 약국

프랑스에서 볼 수 있는 대표 약국 브랜드입니다. 일요일에는 문 닫는 곳이 많으니 반드시 확인해보고 방 문하세요!

다음은 약국에서 자주 사용되는 표현들입니다.

Je cherche de l'aspirine. 저는 아스피린을 찾고 있어요.

Est-ce que vous avez des vitamines ? 비타민이 있나요?

J'ai une prescription. 저는 처방전이 있어요.

J'ai mal ici. 여기가 아파요.

Combien coûte ce médicament ? 이 약은 얼마인가요?

Je peux payer par carte ? 카드로 결제할 수 있나요?

Vous ouvrez à quelle heure ? 몇 시에 열어요?

Vous fermez à quelle heure ? 몇 시에 닫아요?

단어
aspirine 아스피린 vitamine 비타민 prescription 처방전 médicament 약 carte 카드 ouvrir 열다 fermer 닫다

15

내일 시간 돼?
Tu es libre demain ?

단순미래

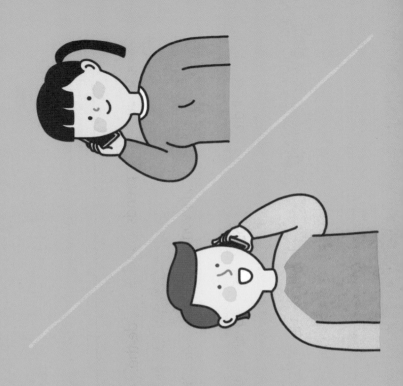

1 보기를 참고하여 빈칸에 알맞은 전치사의 형태를 넣어보세요.

보기

à la	au	aux

❶ J'ai mal _____ ventre. 배가 아파요.

❷ J'ai mal _____ oreilles. 양쪽 귀가 아파요.

❸ J'ai mal _____ pieds. 두 발이 아파요.

❹ J'ai mal _____ jambes. 양 다리가 아파요.

❺ J'ai mal _____ doigt. 손가락이 아파요.

❻ J'ai mal _____ gorge. 목이 아파요.

2 우리말 뜻에 알맞은 빈도부사를 보기에서 골라 적어보세요.

보기

rarement	ne ~ jamais	parfois
souvent	toujours	

❶ Je _____ prends _____ de thé. 나는 절대 차를 마시지 않는다.

❷ _____, ils vont au cinéma. 가끔 그들은 영화관에 간다.

❸ Il dit _____ oui. 그는 언제나 "예"라고 말한다.

❹ Je prends _____ le métro. 나는 지주 지하철을 탄다.

단어

약속 잡기

rendez-vous 약속

invitation 초대

horaire 시간표

spectacle 공연

exposition 전시회

réservation 예약

plan 계획

lieu 장소

concert 콘서트

promenade 산책

데이트 장소

musée 박물관

parc 공원

parc d'attractions 놀이공원

jardin botanique 수목원

centre commercial 쇼핑센터

musée d'art 미술관

patinoire 스케이트장

forêt 숲

palais 공전

1 다음 단어와 뜻을 알맞게 연결해보세요.

musée ●   ● 미술관

musée d'art ●   ● 놀이공원

parc ●   ● 궁전

patinoire ●   ● 스케이트장

parc d'attractions ●   ● 공원

jardin botanique ●   ● 박물관

forêt ●   ● 쇼핑센터

centre commercial ●   ● 숲

palais ●   ● 수목원

회화

Nicolas Allô ?

J'appelle pour savoir si tu es libre demain pour aller voir un film.

Julie Non, malheureusement je ne peux pas sortir demain.

Mes parents viennent.

Nicolas Ah, c'est dommage.

Et après-demain tu fais quelque chose ?

Julie Après-demain, je serai disponible à partir de 17h.

Nicolas Génial ! Tu veux aller au cinéma ?

Julie Oui, pourquoi pas.

Nicolas Je passe te prendre à 17h30. Ça te convient ?

Julie D'accord. À vendredi ! Bonne soirée.

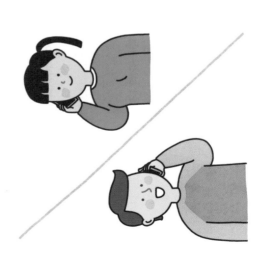

니꼴라 여보세요?
내일 영화 보러 갈 시간 되는지 알아보려고 전화했어.

쥴리 아니, 안타깝지만 내일 나갈 수 없어.
부모님이 오시거든.

니꼴라 이런, 아쉽네. 그럼 모레는 너 뭐 해?

쥴리 모레는 오후 5시부터 시간 돼.

니꼴라 좋았어! 영화관 가는 거 괜찮아!?

쥴리 응, 좋지!

니꼴라 내가 5시 반에 들를게. 괜찮아!?

쥴리 좋아! 금요일에 보자. 즐거운 저녁 보내.

Nicolas
Allô ?
J'appelle pour savoir si tu es libre
demain pour aller voir un film.

Julie
Non, malheureusement je ne peux
pas sortir demain.

Mes parents viennent.

Nicolas
Ah, c'est dommage.
Et après-demain tu fais quelque chose ?

Julie
Après-demain, je serai disponible
à partir de 17h.

Nicolas
Génial ! Tu veux aller au cinéma ?

Julie
Oui, pourquoi pas.

Nicolas
Je passe te prendre à 17h30.
Ça te convient ?

Julie
D'accord. À vendredi ! Bonne soirée.

---

savoir si 다음에 문장이 오면 '~인지 아닌지 알다
(알아보다)'라는 뜻입니다. Je ne sais pas si c'est
possible.(나는 그것이 가능한지 아닌지 모르겠어.)

pour 다음에 동사 원형이 오면 '~하기 위해'로 해석합
니다. 기억나시죠?

libre 자유로운

pouvoir가 들어간 문장을 부정할 때는 ne … pas 사이
에 pouvoir를 넣습니다. 구어에서는 흔히 ne를 생략하
고 pas만 사용합니다. Je peux pas trouver la sortie.
(출구를 찾을 수가 없다.)

11과에서 배운 소유형용사는 꾸며주는 명사의 성과
수에 일치시켜야 해요. '부모'를 뜻하는 parents가 복
수니까 mes를 씁니다.

malheureusement 안타깝게도 parents 부모님

dommage 무엇스러운 일

serai는 동사 être의 1인칭 단순 미래형으로 영어의
will be에 해당합니다. 요모조모 피트에서 자세히 알아
볼게요.

disponible 시간이 있는 à partir de ~부터

génial 훌륭한, 멋있는

pourquoi pas 안 될 게 뭐 있어?(why not?)

약속 시간이나 장소를 제안한 뒤 상대방에게 괜찮은지
확인할 때 써요. 비슷한 표현으로 "Ça te va ?"가 있습
니다.

프랑스어 문법조모(1)

90

단순미래

MP3 15-03

영어에서 미래 시제를 표현할 때는 will+동사원형이었던 것 아시나요? 프랑스어는 동사원형을 미래 형태로 바꾸어서 표현합니다. 또 외워야 할 게 늘어서 어째나 싶지만, 생각보다 규칙적으로 변하니까 금방 익숙해져요! 이렇게 동사의 어미를 바꾸어 미래를 표현하는 미래시제를 '단순미래'라고 합니다. 기본적인 규칙은 이렇습니다.

je	-ai	nous	-ons
tu	-as	vous	-ez
il	-a	ils	-ont

이제 미래형 만드는 연습을 해볼까요?
-re로 끝나는 동사를 제외하고는 동사 그대로를 어간으로 사용하니까 어미만 잘 익혀두면 미래형으로 변형하는 것은 매우 쉽습니다.

donner 주다 → -er 동사, 어간이 donner라서 동사를 그대로 사용해요.

je	donnerai	nous	donnerons
tu	donneras	vous	donnerez
il	donnera	ils	donneront

finir 끝내다 → -ir 동사, 어간이 finir라서 동사를 그대로 사용해요.

je	finirai	nous	finirons
tu	finiras	vous	finirez
il	finira	ils	finiront

attendre 기다리다 → -re 동사, 어간이 attendre로 마지막 e만 없앴어요.

je	attendrai	nous	attendrons
tu	attendras	vous	attendrez
il	attendra	ils	attendront

프랑스어 모모조모 (3)

불규칙한 단순미래 어미를 가진 동사

이섭게도 자주 쓰는 동사 중에 불규칙한 녀석들이 있습니다. 하지만 많지 않으니 때로 조금씩조금씩 외 워주세요. 아래 표는 Je(1인칭 단수)의 미래형만 적혀 있습니다. 다른 인칭에 적용할 때는 -ai를 없애고, 앞에서 배운 어미를 붙이기만 하면 됩니다.

뜻	동사원형	Je 미래형
가지다	avoir	aurai
~이다	être	serai
하다, 만들다	faire	ferai
가다	aller	irai
해야 하다	devoir	devrai
할 수 있다	pouvoir	pourrai
알다	savoir	saurai
쥐다, 잡다	tenir	tiendrai
오다	venir	viendrai
보다	voir	verrai
원하다	vouloir	voudrai

Vous ferez ce travail. 당신이 그 일을 하게 될 것입니다.

On verra. 두고 보면 알게 될 것이다. (직역: 사람들은 보게 될 것이다.)

Vous irez comment? 어떻게 가실 거예요?

1 인칭과 수에 따른 알맞은 동사의 미래형 형태를 적어보세요.

❶ donner 주다

je		nous	
tu		vous	
il		ils	

❷ attendre 기다리다

je		nous	
tu		vous	
il		ils	

연습문제 (2)

2 다음 불규칙 동사원형과 단순미래 어미를 서로 연결해주세요.

avoir ●	● serai
être ●	● ferai
faire ●	● verrai
aller ●	● viendrai
devoir ●	● devrai
pouvoir ●	● tiendrai
savoir ●	● pourrai
tenir ●	● saurai
venir ●	● voudrai
voir ●	● aurai
vouloir ●	● irai

연습문제 (3)

3 회화문을 참고하여 빈칸에 알맞은 단어를 적어보세요.

1 J'appelle pour savoir _____ tu es libre demain pour aller voir un film.

너 내일 영화 보러 갈 시간 되는지 알아보려고 전화했어.

2 Non, malheureusement je ne _____ pas sortir demain.

아니, 안타깝지만 내일 나갈 수 없어. 부모님이 오시거든.

Mes parents _____ .

3 Ah, c'est _____ . Et après-demain tu fais quelque chose ?

이런, 아쉽네. 그럼, 내일 모레는 너 뭐해?

4 Après-demain, je _____ disponible à partir de 17h.

내일 모레는 오후 5시부터 시간 돼.

5 Génial ! Tu _____ aller au cinéma ?

좋아! 영화관 가는 거 괜찮아!?

6 Oui, _____ pas.

응, 좋지!

듣기

1 잘 듣고 빈칸에 알맞은 단어를 써넣으세요.

❶ Je ne ⬚ pas sortir demain.

❷ C'est ⬚ .

❸ Je passe te ⬚ à 17h 30.

2 다음 문장을 잘 듣고, 틀린 글자를 동그라미 하고 바르게 고치세요.

> So~~r~~it, Nicolas.　　(―)

❶ Met parents viennent.　　( )

❷ Oui, pourkuoi pas.　　( )

❸ À bendredi. Bonne soirée !　　( )

MP3 15-06

1 다음 단어를 3번씩 발음해보세요.

libre   malheureusement   dommage

disponible   génial

2 다음 패턴으로 말해보세요.

A : Génial! Tu veux aller au cinéma ?

B : Oui, pourquoi pas.

❶ manger quelque chose

❷ boire quelque chose

❸ voir un film

❹ jouer du piano

쓰기

1 다음 문장을 따라 써보세요.

Allô ?

J'appelle pour savoir si tu es libre demain pour aller voir un film.

Je ne peux pas sortir demain.

Tu veux aller au cinéma ?

Oui, pourquoi pas.

Bonne soirée.

2 다음 문장을 프랑스어로 써보세요.

금요일에 보자.

내가 5시 반에 들를게. 괜찮아?

이런, 아쉽네.

프랑스 데이트 장소 추천

Annecy 안시

안시는 프랑스인이 뽑은 '은퇴 후 가장 살고싶은 도시'로도 유명한 아름다운 도시 입니다. 휴가철에 도시 사람들이 가장 많이 찾는 곳이기도 합니다. 프랑스 속 작은 스위스라고도 불리우는 안시는 스위스의 마을을 옮겨 놓은 모습이에요. 실제로 스위스까지 자동차로 40분이면 갈 수 있을 만큼 스위스와 인접한 곳이기도 합니다. 프랑스에서도 제일 아름답기로 손에 꼽히는 호수인 안시 호(Lac d'Annecy)가 있는데요. 여름에는 사람들이 이곳에서 수영을 즐기거나 배를 타거나 합니다.

Lyon 리옹

프랑스 중부에 위치한 리옹은 파리, 마르세유에 이어 프랑스의 제3의 도시로 꼽힙니다. '미식의 도시'라는 이름 값을 하는 듯, 파리 다음으로 미슐랭 레스토랑이 많은 도시입니다. 제3의 도시인 만큼 대학교도 많고, 사람과 문화제 많은 도시입니다. 영화를 처음 만든 뤼미에르 형제의 고장이기도 해서 빛의 도시라고도 불립니다.

Lille 릴

벨기에와의 국경에 인접한 릴은 프랑스에서 4번째로 인구가 많은 대도시입니다. 현대적인 건물과 고딕 양식의 고전적인 건물이 공존하는 도시로, 산책하다 보면 현대적인 건물 사이로 고딕 양식의 웅장한 성당을 볼 수 있습니다.

Étretat 에트르타

에트르타는 프랑스 인상주의를 대표하는 화가인 클로드 모네가 자주 방문해 많은 작품을 남기기도 한 곳입니다. 파리 근교 여행으로도 인기가 많은데요, 크기리 바위가 절경 유명합니다. 실제로 에트르타를 방문하면 해변 곳곳에 친절한 절경 설명이 걸을여진 모네의 작품을 만나볼 수 있습니다.